Textus et Paradigmata Syriaca

cura

R. KÖBERT

rescripsit

Rudolphus Wessely

Romae 1952

DRUCK: AKADEMISCHE DRUCK- UND VERLAGSANSTALT GRAZ

Index

Specimina nominibus et verbis Syrorum flectendis.

A. Nomina.

	Singularis abs.	constr.	emph.	Pluralis abs.	constr.	emph.
m.	ܛܒ	ܛܒ	ܛܒܐ	ܛܒܝܢ	ܛܒܝ	ܛܒܐ
f.	ܛܒܐ	ܛܒܬ	ܛܒܬܐ	ܛܒܢ	ܛܒܬ	ܛܒܬܐ

ܕܝܢܝ	*iudicium meum*	ܕܝܢܢ	*iudicium nostrum*
ܕܝܢܟ	*iudicium tuum (m.)*	ܕܝܢܟܘܢ	*" vestrum (m.)*
ܕܝܢܟܝ	*" " (f.)*	ܕܝܢܟܝܢ	*" " (f.)*
ܕܝܢܗ	*" eius (m.)*	ܕܝܢܗܘܢ	*" eorum*
ܕܝܢܗ	*" " (f.)*	ܕܝܢܗܝܢ	*" earum*
ܕܝܢܝ	*iudicia mea*	ܕܝܢܝܢ	*iudicia nostra*
ܕܝܢܝܟ	*" tua (m.)*	ܕܝܢܝܟܘܢ	*" vestra (m.)*
ܕܝܢܝܟܝ	*" " (f.)*	ܕܝܢܝܟܝܢ	*" " (f.)*
ܕܝܢܘܗܝ	*" eius (m.)*	ܕܝܢܝܗܘܢ	*" eorum*
ܕܝܢܝܗ	*" " (f.)*	ܕܝܢܝܗܝܢ	*" earum*

	ܡܘܒܠܐ [1]	ܡܠܟܐ [2]	ܡܠܟܬܐ [3]	ܡܠܟܘܬܐ [4]
Sg. st. emph.	ܡܘܒܠܐ	ܡܠܟܐ	ܡܠܟܬܐ	ܡܠܟܘܬܐ
st. abs.	ܡܘܒܠ	ܡܠܟ	ܡܠܟܐ	ܡܠܟܘ
st. constr.	ܡܘܒܠ	ܡܠܟ	ܡܠܟܬ	ܡܠܟܘܬ
Suff. 1. sg.	ܡܘܒܠܝ	ܡܠܟܝ	ܡܠܟܬܝ	ܡܠܟܘܬܝ
2. sg. m.	ܡܘܒܠܟ	ܡܠܟܟ	ܡܠܟܬܟ	ܡܠܟܘܬܟ
2. pl. m.	ܡܘܒܠܟܘܢ	ܡܠܟܟܘܢ	ܡܠܟܬܟܘܢ	ܡܠܟܘܬܟܘܢ
Pl. st. emph.	ܡܘܒܠܐ	ܡܠܟܐ	ܡܠܟܬܐ	ܡܠܟܘܬܐ
st. abs.	ܡܘܒܠܝܢ	ܡܠܟܝܢ	ܡܠܟܢ	ܡܠܟܘܢ
st. constr.	ܡܘܒܠܝ	ܡܠܟܝ	ܡܠܟܬ	ܡܠܟܘܬ
Suff. 1. sg.	ܡܘܒܠܝ	ܡܠܟܝ	ܡܠܟܬܝ	ܡܠܟܘܬܝ
3. sg. m.	ܡܘܒܠܘܗܝ	ܡܠܟܘܗܝ	ܡܠܟܬܗ	ܡܠܟܘܬܗ

1) *onus* 2) *rex* 3) *regina* 4) *regnum*

B. Verba.

	Peal (*a-o*)	Peal (*e-a*	Ethpeël	Paël	Ethpaal
Perf. sg. 3. m.	ܩܛܠ [1]	ܕܚܠ [2]	ܐܬܩܛܠ	ܩܛܠ	ܐܬܩܛܠ
3. f.	ܩܛܠܬ	ܕܚܠܬ	ܐܬܩܛܠܬ	ܩܛܠܬ	ܐܬܩܛܠܬ
2. m.	ܩܛܠܬ	ܕܚܠܬ	ܐܬܩܛܠܬ	ܩܛܠܬ	ܐܬܩܛܠܬ
2. f.	ܩܛܠܬܝ	ܕܚܠܬܝ	ܐܬܩܛܠܬܝ	ܩܛܠܬܝ	ܐܬܩܛܠܬܝ
1. c.	ܩܛܠܬ	ܕܚܠܬ	ܐܬܩܛܠܬ	ܩܛܠܬ	ܐܬܩܛܠܬ
pl. 3. m.	ܩܛܠܘ	ܕܚܠܘ	ܐܬܩܛܠܘ	ܩܛܠܘ	ܐܬܩܛܠܘ
	ܩܛܠܘܢ	ܕܚܠܘܢ	ܐܬܩܛܠܘܢ	ܩܛܠܘܢ	ܐܬܩܛܠܘܢ
3. f.	ܩܛܠ	ܕܚܠ	ܐܬܩܛܠ	ܩܛܠ	ܐܬܩܛܠ
	ܩܛܠܝ	ܕܚܠܝ	ܐܬܩܛܠܝ	ܩܛܠܝ	ܐܬܩܛܠܝ
	ܩܛܠܝܢ	ܕܚܠܝܢ	ܐܬܩܛܠܝܢ	ܩܛܠܝܢ	ܐܬܩܛܠܝܢ
2. m.	ܩܛܠܬܘܢ	ܕܚܠܬܘܢ	ܐܬܩܛܠܬܘܢ	ܩܛܠܬܘܢ	ܐܬܩܛܠܬܘܢ
2. f.	ܩܛܠܬܝܢ	ܕܚܠܬܝܢ	ܐܬܩܛܠܬܝܢ	ܩܛܠܬܝܢ	ܐܬܩܛܠܬܝܢ
1. c.	ܩܛܠܢ	ܕܚܠܢ	ܐܬܩܛܠܢ	ܩܛܠܢ	ܐܬܩܛܠܢ
	ܩܛܠܢܢ	ܕܚܠܢܢ	ܐܬܩܛܠܢܢ	ܩܛܠܢܢ	ܐܬܩܛܠܢܢ
Impf. sg. 3. m.	ܢܩܛܘܠ	ܢܕܚܠ	ܢܬܩܛܠ	ܢܩܛܠ	ܢܬܩܛܠ
3. f.	ܬܩܛܘܠ	ܬܕܚܠ	ܬܬܩܛܠ	ܬܩܛܠ	ܬܬܩܛܠ
	ܬܩܛܘܠܝ	ܬܕܚܠܝ	ܬܬܩܛܠܝ	ܬܩܛܠܝ	ܬܬܩܛܠܝ
2. m.	ܬܩܛܘܠ	ܬܕܚܠ	ܬܬܩܛܠ	ܬܩܛܠ	ܬܬܩܛܠ
2. f.	ܬܩܛܠܝܢ	ܬܕܚܠܝܢ	ܬܬܩܛܠܝܢ	ܬܩܛܠܝܢ	ܬܬܩܛܠܝܢ
1. c.	ܐܩܛܘܠ	ܐܕܚܠ	ܐܬܩܛܠ	ܐܩܛܠ	ܐܬܩܛܠ

Verbum firmum

pl. 3. m.	ܢܩܛܠܘܢ	ܢܕܚܠܘܢ	ܢܬܩܛܠܘܢ	ܢܩܛܠܘܢ	ܢܬܩܛܠܘܢ
3. f.	ܢܩܛܠܢ	ܢܕܚܠܢ	ܢܬܩܛܠܢ	ܢܩܛܠܢ	ܢܬܩܛܠܢ
2. m.	ܬܩܛܠܘܢ	ܬܕܚܠܘܢ	ܬܬܩܛܠܘܢ	ܬܩܛܠܘܢ	ܬܬܩܛܠܘܢ
2. f.	ܬܩܛܠܢ	ܬܕܚܠܢ	ܬܬܩܛܠܢ	ܬܩܛܠܢ	ܬܬܩܛܠܢ
1. c.	ܢܩܛܘܠ	ܢܕܚܠ	ܢܬܩܛܠ	ܢܩܛܠ	ܢܬܩܛܠ
Imptv. sg. 2. m.	ܩܛܘܠ	ܕܚܠ	ܐܬܩܛܠ	ܩܛܠ	ܐܬܩܛܠ [3]
2. f.	ܩܛܘܠܝ	ܕܚܠܝ	ܐܬܩܛܠܝ	ܩܛܠܝ	ܐܬܩܛܠܝ
pl. 2. m.	ܩܛܘܠܘ	ܕܚܠܘ	ܐܬܩܛܠܘ	ܩܛܠܘ	ܐܬܩܛܠܘ
	ܩܛܘܠܘܢ	ܕܚܠܘܢ	ܐܬܩܛܠܘܢ	ܩܛܠܘܢ	ܐܬܩܛܠܘܢ
2. f.	ܩܛܘܠܝ	ܕܚܠܝ	ܐܬܩܛܠܝ	ܩܛܠܝ	ܐܬܩܛܠܝ
	ܩܛܘܠܝܢ	ܕܚܠܝܢ	ܐܬܩܛܠܝܢ	ܩܛܠܝܢ	ܐܬܩܛܠܝܢ
Inf.	ܡܩܛܠ	ܡܕܚܠ	ܡܬܩܛܠܘ	ܡܩܛܠܘ	ܡܬܩܛܠܘ
Part. act. m.	ܩܛܠ	ܕܚܠ	ܡܬܩܛܠ	ܡܩܛܠ	ܡܬܩܛܠ
f.	ܩܛܠܐ	ܕܚܠܐ	ܡܬܩܛܠܐ	ܡܩܛܠܐ	ܡܬܩܛܠܐ
pass. m.	ܩܛܝܠ	ܕܚܝܠ	—	ܡܩܛܠ	—
f.	ܩܛܝܠܐ	ܕܚܝܠܐ	—	ܡܩܛܠܐ	—

1 *interficere* 2 *timere* 3 *vel (apud occidentales) omisso altero* A.

Verbum firmum

	Aphel	Ettaphal		Activ (Palel)	Medium (Ethpalal)
Perf. sg. 3. m.	ܐܩܛܠ	ܐܬܬܩܛܠ		ܦܠܡܕ [1]	ܐܬܦܠܡܕ
3. f.	ܐܩܛܠܬ	ܐܬܬܩܛܠܬ		ܦܠܡܕܬ	ܐܬܦܠܡܕܬ
2. m.	ܐܩܛܠܬ	ܐܬܬܩܛܠܬ		ܦܠܡܕܬ	ܐܬܦܠܡܕܬ
2. f.	ܐܩܛܠܬܝ	ܐܬܬܩܛܠܬܝ		ܦܠܡܕܬܝ	ܐܬܦܠܡܕܬܝ
1. c.	ܐܩܛܠܬ	ܐܬܬܩܛܠܬ		ܦܠܡܕܬ	ܐܬܦܠܡܕܬ
pl. 3. m.	ܐܩܛܠܘ ܐܩܛܠܘܢ	ܐܬܬܩܛܠܘ ܐܬܬܩܛܠܘܢ	Ver-	ܦܠܡܕܘ ܦܠܡܕܘܢ	ܐܬܦܠܡܕܘ ܐܬܦܠܡܕܘܢ
3. f.	ܐܩܛܠ ܐܩܛܠܝ ܐܩܛܠܝܢ	ܐܬܬܩܛܠ ܐܬܬܩܛܠܝ ܐܬܬܩܛܠܝܢ	bum quattuor	ܦܠܡܕ ܦܠܡܕܝ ܦܠܡܕܝܢ	ܐܬܦܠܡܕ ܐܬܦܠܡܕܝ ܐܬܦܠܡܕܝܢ
2. m.	ܐܩܛܠܬܘܢ	ܐܬܬܩܛܠܬܘܢ	radi-	ܦܠܡܕܬܘܢ	ܐܬܦܠܡܕܬܘܢ
2. f.	ܐܩܛܠܬܝܢ	ܐܬܬܩܛܠܬܝܢ	calium	ܦܠܡܕܬܝܢ	ܐܬܦܠܡܕܬܝܢ
1. c.	ܐܩܛܠܢ ܐܩܛܠܢܢ	ܐܬܬܩܛܠܢ ܐܬܬܩܛܠܢܢ		ܦܠܡܕܢ ܦܠܡܕܢܢ	ܐܬܦܠܡܕܢ ܐܬܦܠܡܕܢܢ
Impf. sg. 3. m.	ܢܩܛܠ	ܢܬܬܩܛܠ		ܢܦܠܡܕ	ܢܬܦܠܡܕ
3. f.	ܬܩܛܠ ܬܩܛܠܝ	ܬܬܬܩܛܠ ܬܬܬܩܛܠܝ		ܬܦܠܡܕ ܬܦܠܡܕܝ	ܬܬܦܠܡܕ ܬܬܦܠܡܕܝ
2. m.	ܬܩܛܠ	ܬܬܬܩܛܠ		ܬܦܠܡܕ	ܬܬܦܠܡܕ
2. f.	ܬܩܛܠܝܢ	ܬܬܬܩܛܠܝܢ		ܬܦܠܡܕܝܢ	ܬܬܦܠܡܕܝܢ
1. c.	ܐܩܛܠ	ܐܬܬܩܛܠ		ܐܦܠܡܕ	ܐܬܦܠܡܕ

				Verbum firmum	
pl. 3. m.	ܢܣܡܠܘܢ	ܢܬܐܣܡܠܘܢ		ܢܩܛܠܘܢ	ܢܬܩܛܠܘܢ
3. f.	ܢܣܡܠܢ	ܢܬܐܣܡܠܢ		ܢܩܛܠܢ	ܢܬܩܛܠܢ
2. m.	ܬܣܡܠܘܢ	ܬܬܐܣܡܠܘܢ		ܬܩܛܠܘܢ	ܬܬܩܛܠܘܢ
2. f.	ܬܣܡܠܢ	ܬܬܐܣܡܠܢ		ܬܩܛܠܢ	ܬܬܩܛܠܢ
1. c.	ܢܣܡܠ	ܢܬܐܣܡܠ		ܢܩܛܠ	ܢܬܩܛܠ
Imptv. sg. 2. m.	ܐܣܡܠ	ܐܬܐܣܡܠ	Ver-	ܩܛܠ	ܐܬܩܛܠ
2. f.	ܐܣܡܠܝ	ܐܬܐܣܡܠܝ	bum	ܩܛܠܝ	ܐܬܩܛܠܝ
pl. 2. m.	ܐܣܡܠܘ	ܐܬܐܣܡܠܘ	quattuor	ܩܛܠܘ	ܐܬܩܛܠܘ
	ܐܣܡܠܘܢ	ܐܬܐܣܡܠܘܢ		ܩܛܠܘܢ	ܐܬܩܛܠܘܢ
2. f.	ܐܣܡܠܝ	ܐܬܐܣܡܠܝ	radi-	ܩܛܠܝ	ܐܬܩܛܠܝ
	ܐܣܡܠܝܢ	ܐܬܐܣܡܠܝܢ	calium	ܩܛܠܝܢ	ܐܬܩܛܠܝܢ
Inf.	ܡܣܡܠܘ	ܡܬܐܣܡܠܘ		ܡܩܛܠܘ	ܡܬܩܛܠܘ
Part. act. m.	ܡܣܡܠ	ܡܬܐܣܡܠ		ܡܩܛܠ	ܡܬܩܛܠ
f.	ܡܣܡܠܐ	ܡܬܐܣܡܠܐ		ܡܩܛܠܐ	ܡܬܩܛܠܐ
pass. m.	ܡܣܡܠ	—		ܡܩܛܠ	—
f.	ܡܣܡܠܐ	—		ܡܩܛܠܐ	—

1 *dispergere*

Verbum primae ܢ

		Peal A	Peal B	Peal C		Aphel	Ettaphal
Perf. sg. 3. m.		ܢܦܩ [1]	ܢܦܠ [2]	ܢܣܒ [3]	Ethpeël (ܐܬܢܣܒ, ܐܬܢܣܒ),	ܐܦܩ	ܐܬܬܦܩ
3. f.		ܢܦܩܬ	ܢܦܠܬ	ܢܣܒܬ		ܐܦܩܬ	ܐܬܬܦܩܬ
2. m.		ܢܦܩܬ	ܢܦܠܬ	ܢܣܒܬ		ܐܦܩܬ	ܐܬܬܦܩܬ
2. f.		ܢܦܩܬܝ	ܢܦܠܬܝ	ܢܣܒܬܝ		ܐܦܩܬܝ	ܐܬܬܦܩܬܝ
1. c.		ܢܦܩܬ	ܢܦܠܬ	ܢܣܒܬ		ܐܦܩܬ	ܐܬܬܦܩܬ
pl. 3. m.	{	ܢܦܩܘ	ܢܦܠܘ	ܢܣܒܘ		ܐܦܩܘ	ܐܬܬܦܩܘ
		ܢܦܩܘܢ	ܢܦܠܘܢ	ܢܣܒܘܢ		ܐܦܩܘܢ	ܐܬܬܦܩܘܢ
3. f.	{	ܢܦܩ	ܢܦܠ	ܢܣܒ		ܐܦܩ	ܐܬܬܦܩ
		ܢܦܩܝ	ܢܦܠܝ	ܢܣܒܝ		ܐܦܩܝ	ܐܬܬܦܩܝ
		ܢܦܩܝܢ	ܢܦܠܝܢ	ܢܣܒܝܢ		ܐܦܩܝܢ	ܐܬܬܦܩܝܢ
2. m.		ܢܦܩܬܘܢ	ܢܦܠܬܘܢ	ܢܣܒܬܘܢ		ܐܦܩܬܘܢ	ܐܬܬܦܩܬܘܢ
2. f.		ܢܦܩܬܝܢ	ܢܦܠܬܝܢ	ܢܣܒܬܝܢ		ܐܦܩܬܝܢ	ܐܬܬܦܩܬܝܢ
1. c	{	ܢܦܩܢ	ܢܦܠܢ	ܢܣܒܢ	Paël (ܢܦܩ, ܢܦܩ), Ethpaal	ܐܦܩܢ	ܐܬܬܦܩܢ
		ܢܦܩܢܢ	ܢܦܠܢܢ	ܢܣܒܢܢ		ܐܦܩܢܢ	ܐܬܬܦܩܢܢ
Impf. sg. 3. m.		ܢܦܘܩ	ܢܦܠ	ܢܣܒ		ܢܦܩ	ܢܬܬܦܩ
3. f.	{	ܬܦܘܩ	ܬܦܠ	ܬܣܒ		ܬܦܩ	ܬܬܬܦܩ
		ܬܦܘܩܝ	ܬܦܠܝ	ܬܣܒܝ		ܬܦܩܝ	ܬܬܬܦܩܝ
2. m.		ܬܦܘܩ	ܬܦܠ	ܬܣܒ		ܬܦܩ	ܬܬܬܦܩ
2. f.		ܬܦܩܝܢ	ܬܦܠܝܢ	ܬܣܒܝܢ		ܬܦܩܝܢ	ܬܬܬܦܩܝܢ
1. c.		ܐܦܘܩ	ܐܦܠ	ܐܣܒ		ܐܦܩ	ܐܬܬܦܩ

Verbum primae ܢ

pl. 3. m.	ܢܦܩܘܢ	ܢܦܠܘܢ	ܢܣܒܘܢ	ܢܦܩܘܢ	ܢܬܐܦܩܘܢ
3. f.	ܢܦܩܢ	ܢܦܠܢ	ܢܣܒܢ	ܢܦܩܢ	ܢܬܐܦܩܢ
2. m.	ܬܦܩܘܢ	ܬܦܠܘܢ	ܬܣܒܘܢ	ܬܦܩܘܢ	ܬܬܐܦܩܘܢ
2. f.	ܬܦܩܢ	ܬܦܠܢ	ܬܣܒܢ	ܬܦܩܢ	ܬܬܐܦܩܢ
1. c.	ܢܦܘܩ	ܢܦܠ	ܢܣܒ	ܢܦܩ	ܢܬܐܦܩ
Imptv. sg. 2. m.	ܦܘܩ	ܦܠ	ܣܒ	ܐܦܩ	ܐܬܐܦܩ
2. f.	ܦܘܩܝ	ܦܠܝ	ܣܒܝ	ܐܦܩܝ	ܐܬܐܦܩܝ
pl. 2. m.	ܦܘܩܘ / ܦܘܩܘܢ	ܦܠܘ / ܦܠܘܢ	ܣܒܘ / ܣܒܘܢ	ܐܦܩܘ / ܐܦܩܘܢ	ܐܬܐܦܩܘ / ܐܬܐܦܩܘܢ
2. f.	ܦܘܩܝ / ܦܘܩܝܢ	ܦܠܝ / ܦܠܝܢ	ܣܒܝ / ܣܒܝܢ	ܐܦܩܝ / ܐܦܩܝܢ	ܐܬܐܦܩܝ / ܐܬܐܦܩܝܢ
Inf.	ܡܦܩ	ܡܦܠ	ܡܣܒ	ܡܦܩܘ	ܡܬܐܦܩܘ
Part. act. m.	ܢܦܩ	ܢܦܠ	ܢܣܒ	ܡܦܩ	ܡܬܐܦܩ
f.	ܢܦܩܐ	ܢܦܠܐ	ܢܣܒܐ	ܡܦܩܐ	ܡܬܐܦܩܐ
pass. m.	ܢܦܝܩ	ܢܦܝܠ	ܢܣܝܒ	ܡܦܩ	—
f.	ܢܦܝܩܐ	ܢܦܝܠܐ	ܢܣܝܒܐ	ܡܦܩܐ	—

(ܐܬܦܩ, ܐܬܐܦܩ) *sequuntur verbum firmum.*

[1] *egredi* [2] *cadere* [3] *accipere*

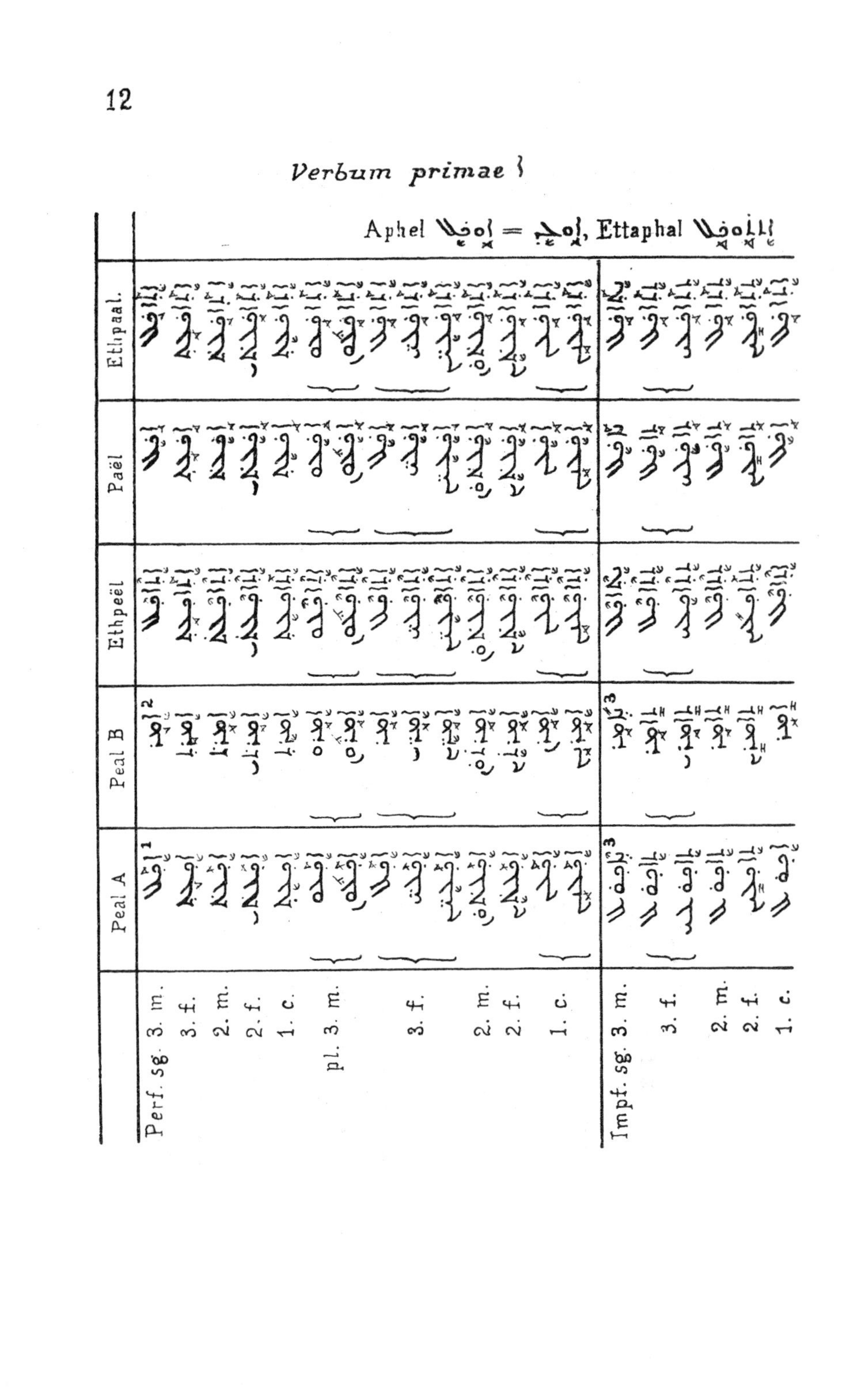

Verbum primae ܐ

Aphel [illegible] = [illegible], Ettaphal [illegible]

	Peal A	Peal B	Ethpeël	Paël	Ethpaal.
Perf. sg. 3. m.	[illegible] [1]	[illegible] [2]	[illegible]	[illegible]	[illegible]
3. f.	[illegible]	[illegible]	[illegible]	[illegible]	[illegible]
2. m.	[illegible]	[illegible]	[illegible]	[illegible]	[illegible]
2. f.	[illegible]	[illegible]	[illegible]	[illegible]	[illegible]
1. c.	[illegible]	[illegible]	[illegible]	[illegible]	[illegible]
pl. 3. m.	[illegible]	[illegible]	[illegible]	[illegible]	[illegible]
3. f.	[illegible]	[illegible]	[illegible]	[illegible]	[illegible]
2. m.	[illegible]	[illegible]	[illegible]	[illegible]	[illegible]
2. f.	[illegible]	[illegible]	[illegible]	[illegible]	[illegible]
1. c.	[illegible]	[illegible]	[illegible]	[illegible]	[illegible]
Impf. sg. 3. m.	[illegible] [3]	[illegible] [3]	[illegible]	[illegible]	[illegible]
3. f.	[illegible]	[illegible]	[illegible]	[illegible]	[illegible]
2. m.	[illegible]	[illegible]	[illegible]	[illegible]	[illegible]
2. f.	[illegible]	[illegible]	[illegible]	[illegible]	[illegible]
1. c.	[illegible]	[illegible]	[illegible]	[illegible]	[illegible]

Verbum primae ܐ

					= ܐܬܬܦܥܠ
pl. 3. m.	ܢܐܟܠܘܢ	ܢܐܡܪܘܢ	ܢܬܐܟܠܘܢ	ܢܘܟܠܘܢ	ܢܬܬܐܟܠܘܢ
3. f.	ܢܐܟܠܢ	ܢܐܡܪܢ	ܢܬܐܟܠܢ	ܢܘܟܠܢ	ܢܬܬܐܟܠܢ
2. m.	ܬܐܟܠܘܢ	ܬܐܡܪܘܢ	ܬܬܐܟܠܘܢ	ܬܘܟܠܘܢ	ܬܬܬܐܟܠܘܢ
2. f.	ܬܐܟܠܢ	ܬܐܡܪܢ	ܬܬܐܟܠܢ	ܬܘܟܠܢ	ܬܬܬܐܟܠܢ
1. c.	ܢܐܟܘܠ	ܢܐܡܪ	ܢܬܐܟܠ	ܢܘܟܠ	ܢܬܬܐܟܠ
Imptv. sg. 2. m.	ܐܟܘܠ	ܐܡܪ	ܐܬܐܟܠ	ܐܘܟܠ	[4] ܐܬܬܐܟܠ
2. f.	ܐܟܘܠܝ	ܐܡܪܝ	ܐܬܐܟܠܝ	ܐܘܟܠܝ	ܐܬܬܐܟܠܝ
pl. 2. m.	ܐܟܘܠܘ / ܐܟܘܠܘܢ	ܐܡܪܘ / ܐܡܪܘܢ	ܐܬܐܟܠܘ / ܐܬܐܟܠܘܢ	ܐܘܟܠܘ / ܐܘܟܠܘܢ	ܐܬܬܐܟܠܘ / ܐܬܬܐܟܠܘܢ
2. f.	ܐܟܘܠܝܢ / ܐܟܘܠܝܢ	ܐܡܪܝܢ / ܐܡܪܝܢ	ܐܬܐܟܠܝܢ / ܐܬܐܟܠܝܢ	ܐܘܟܠܝܢ / ܐܘܟܠܝܢ	ܐܬܬܐܟܠܝܢ / ܐܬܬܐܟܠܝܢ
Inf.	ܡܐܟܠ	ܡܐܡܪ	ܡܬܐܟܠܘ	ܡܘܟܠܘ	ܡܬܬܐܟܠܘ
Part. act. m.	ܐܟܠ	ܐܡܪ	ܡܬܐܟܠ	ܡܘܟܠ	ܡܬܬܐܟܠ
f.	ܐܟܠܐ	ܐܡܪܐ	ܡܬܐܟܠܐ	ܡܘܟܠܐ	ܡܬܬܐܟܠܐ
pass. m.	ܐܟܝܠ	ܐܡܝܪ	—	ܡܘܟܠ	—
f.	ܐܟܝܠܐ	ܐܡܝܪܐ	—	ܡܘܟܠܐ	—

[1] *edere* [2] *dicere* [3] *Orientales in omnibus formis legunt* ܀ [4] ܐܬܬܐܟܠ

Verbum mediae ܐ

	Peal	Ethpeël		Aphel	Ettaphal
Perf. sg. 3. m.	ܫܐܠ [1]	ܐܫܬܐܠ	Paël ܫܐܠ, ܫܐܠ etc., Ethpaal ܐܫܬܐܠ, ܐܫܬܐܠ etc.	ܐܫܐܠ	ܐܬܬܫܐܠ
3. f.	ܫܐܠܬ	ܐܫܬܐܠܬ [2]		ܐܫܐܠܬ	ܐܬܬܫܐܠܬ
2. m.	ܫܐܠܬ	ܐܫܬܐܠܬ		ܐܫܐܠܬ	ܐܬܬܫܐܠܬ
2. f.	ܫܐܠܬܝ	ܐܫܬܐܠܬܝ		ܐܫܐܠܬܝ	ܐܬܬܫܐܠܬܝ
1. c.	ܫܐܠܬ	ܐܫܬܐܠܬ [2]		ܐܫܐܠܬ	ܐܬܬܫܐܠܬ
pl. 3. m.	{ ܫܐܠܘ, ܫܐܠܘܢ	{ ܐܫܬܐܠܘ, ܐܫܬܐܠܘܢ		{ ܐܫܐܠܘ, ܐܫܐܠܘܢ	{ ܐܬܬܫܐܠܘ, ܐܬܬܫܐܠܘܢ
3. f.	{ ܫܐܠ, ܫܐܠܝ, ܫܐܠܝܢ	{ ܐܫܬܐܠ, ܐܫܬܐܠܝ, ܐܫܬܐܠܝܢ		{ ܐܫܐܠ, ܐܫܐܠܝ, ܐܫܐܠܝܢ	{ ܐܬܬܫܐܠ, ܐܬܬܫܐܠܝ, ܐܬܬܫܐܠܝܢ
2. m.	ܫܐܠܬܘܢ	ܐܫܬܐܠܬܘܢ		ܐܫܐܠܬܘܢ	ܐܬܬܫܐܠܬܘܢ
2. f.	ܫܐܠܬܝܢ	ܐܫܬܐܠܬܝܢ		ܐܫܐܠܬܝܢ	ܐܬܬܫܐܠܬܝܢ
1. c.	{ ܫܐܠܢ, ܫܐܠܢܢ	{ ܐܫܬܐܠܢ, ܐܫܬܐܠܢܢ		{ ܐܫܐܠܢ, ܐܫܐܠܢܢ	{ ܐܬܬܫܐܠܢ, ܐܬܬܫܐܠܢܢ
Impf. sg. 3. m.	ܢܫܐܠ	ܢܫܬܐܠ		ܢܫܐܠ	ܢܬܬܫܐܠ
3. f.	{ ܬܫܐܠ, ܬܫܐܠ	{ ܬܫܬܐܠ, ܬܫܬܐܠ		{ ܬܫܐܠ, ܬܫܐܠ	{ ܬܬܬܫܐܠ, ܬܬܬܫܐܠ
2. m.	ܬܫܐܠ	ܬܫܬܐܠ		ܬܫܐܠ	ܬܬܬܫܐܠ
2. f.	ܬܫܐܠܝܢ	ܬܫܬܐܠܝܢ [2]		ܬܫܐܠܝܢ	ܬܬܬܫܐܠܝܢ
1. c.	ܐܫܐܠ	ܐܫܬܐܠ		ܐܫܐܠ	ܐܬܬܫܐܠ

	sequuntur verbum firmum.		*Verbum mediae* ܐ	
pl. 3. m.	ܢܫܐܠܘܢ	ܢܫܬܐܠܘܢ[2]	ܢܫܐܠܘܢ	ܢܬܬܫܐܠܘܢ
3. f.	ܢܫܐܠܢ	ܢܫܬܐܠܢ[2]	ܢܫܐܠܢ	ܢܬܬܫܐܠܢ
2. m.	ܬܫܐܠܘܢ	ܬܫܬܐܠܘܢ[2]	ܬܫܐܠܘܢ	ܬܬܬܫܐܠܘܢ
2. f.	ܬܫܐܠܢ	ܬܫܬܐܠܢ[2]	ܬܫܐܠܢ	ܬܬܬܫܐܠܢ
1. c.	ܢܫܐܠ	ܢܫܬܐܠ	ܢܫܐܠ	ܢܬܬܫܐܠ
Imptv. sg. 2. m.	ܫܐܠ	ܐܫܬܐܠ	ܐܫܐܠ	ܐܬܬܫܐܠ
2. f.	ܫܐܠܝ	ܐܫܬܐܠܝ	ܐܫܐܠܝ	ܐܬܬܫܐܠܝ
pl. 2. m.	ܫܐܠܘ	ܐܫܬܐܠܘ	ܐܫܐܠܘ	ܐܬܬܫܐܠܘ
	ܫܐܠܘܢ	ܐܫܬܐܠܘܢ	ܐܫܐܠܘܢ	ܐܬܬܫܐܠܘܢ
2. f.	ܫܐܠܝ	ܐܫܬܐܠܝ	ܐܫܐܠܝ	ܐܬܬܫܐܠܝ
	ܫܐܠܝܢ	ܐܫܬܐܠܝܢ	ܐܫܐܠܝܢ	ܐܬܬܫܐܠܝܢ
Inf.	ܡܫܐܠ	ܡܫܬܐܠܘ	ܡܫܐܠܘ	ܡܬܬܫܐܠܘ
Part. act. m.	ܫܐܠ	ܡܫܬܐܠ	ܡܫܐܠ	ܡܬܬܫܐܠ
f.	ܫܐܠܐ	ܡܫܬܐܠܐ[2]	ܡܫܐܠܐ	ܡܬܬܫܐܠܐ
pass. m.	ܫܐܝܠ	—	ܡܫܐܠ	—
f.	ܫܐܝܠܐ	—	ܡܫܐܠܐ	—

[1] *interrogare* [2] *Orientales pro* ܬܐ *legunt* ܬܐ.

Verbum primae ~

	Peal A	Peal B	Ethpeël	Aphel	Ettaphal
Perf. sg. 3. m.	[illegible] [1]	[illegible] [2]	[illegible]	[illegible]	[illegible]
3. f.	[illegible]	[illegible]	[illegible]	[illegible]	[illegible]
2. m.	[illegible]	[illegible]	[illegible]	[illegible]	[illegible]
2. f.	[illegible]	[illegible]	[illegible]	[illegible]	[illegible]
1. c.	[illegible]	[illegible]	[illegible]	[illegible]	[illegible]
pl. 3. m.	[illegible]	[illegible]	[illegible]	[illegible]	[illegible]
	[illegible]	[illegible]	[illegible]	[illegible]	[illegible]
3. f.	[illegible]	[illegible]	[illegible]	[illegible]	[illegible]
	[illegible]	[illegible]	[illegible]	[illegible]	[illegible]
	[illegible]	[illegible]	[illegible]	[illegible]	[illegible]
2. m.	[illegible]	[illegible]	[illegible]	[illegible]	[illegible]
2. f.	[illegible]	[illegible]	[illegible]	[illegible]	[illegible]
1. c.	[illegible]	[illegible]	[illegible]	[illegible]	[illegible]
	[illegible]	[illegible]	[illegible]	[illegible]	[illegible]
Impf. sg. 3. m.	[illegible] [3]	[illegible]	[illegible]	[illegible]	[illegible]
3. f.	[illegible]	[illegible]	[illegible]	[illegible]	[illegible]
	[illegible]	[illegible]	[illegible]	[illegible]	[illegible]
2. m.	[illegible]	[illegible]	[illegible]	[illegible]	[illegible]
2. f.	[illegible]	[illegible]	[illegible]	[illegible]	[illegible]
1. c.	[illegible]	[illegible]	[illegible]	[illegible]	[illegible]

Paël [illegible], [illegible] etc., Ethpaal [illegible], [illegible] etc.

	sequuntur verbum firmum.			*Verbum primae* ܐ	
pl. 3. m.	[illegible]	[illegible]	[illegible]	[illegible]	[illegible]
3. f.	[illegible]	[illegible]	[illegible]	[illegible]	[illegible]
2. m.	[illegible]	[illegible]	[illegible]	[illegible]	[illegible]
2. f.	[illegible]	[illegible]	[illegible]	[illegible]	[illegible]
1. c.	[illegible]	[illegible]	[illegible]	[illegible]	[illegible]
Imptv. sg. 2. m.	[illegible]	[illegible]	[illegible]	[illegible]	[illegible]
2. f.	[illegible]	[illegible]	[illegible]	[illegible]	[illegible]
pl. 2. m.	[illegible]	[illegible]	[illegible]	[illegible]	[illegible]
	[illegible]	[illegible]	[illegible]	[illegible]	[illegible]
2. f.	[illegible]	[illegible]	[illegible]	[illegible]	[illegible]
	[illegible]	[illegible]	[illegible]	[illegible]	[illegible]
Inf.	[illegible]	[illegible]	[illegible]	[illegible]	[illegible]
Part. act. m.	[illegible]	[illegible]	[illegible]	[illegible]	[illegible]
f.	[illegible]	[illegible]	[illegible]	[illegible]	[illegible]
pass. m.	[illegible]	[illegible]	—	[illegible]	—
f.	[illegible]	[illegible]	—	[illegible]	—

1) *gignere, parere* 2) *consīdere* 3) *Orientales in omnibus formis legunt.*

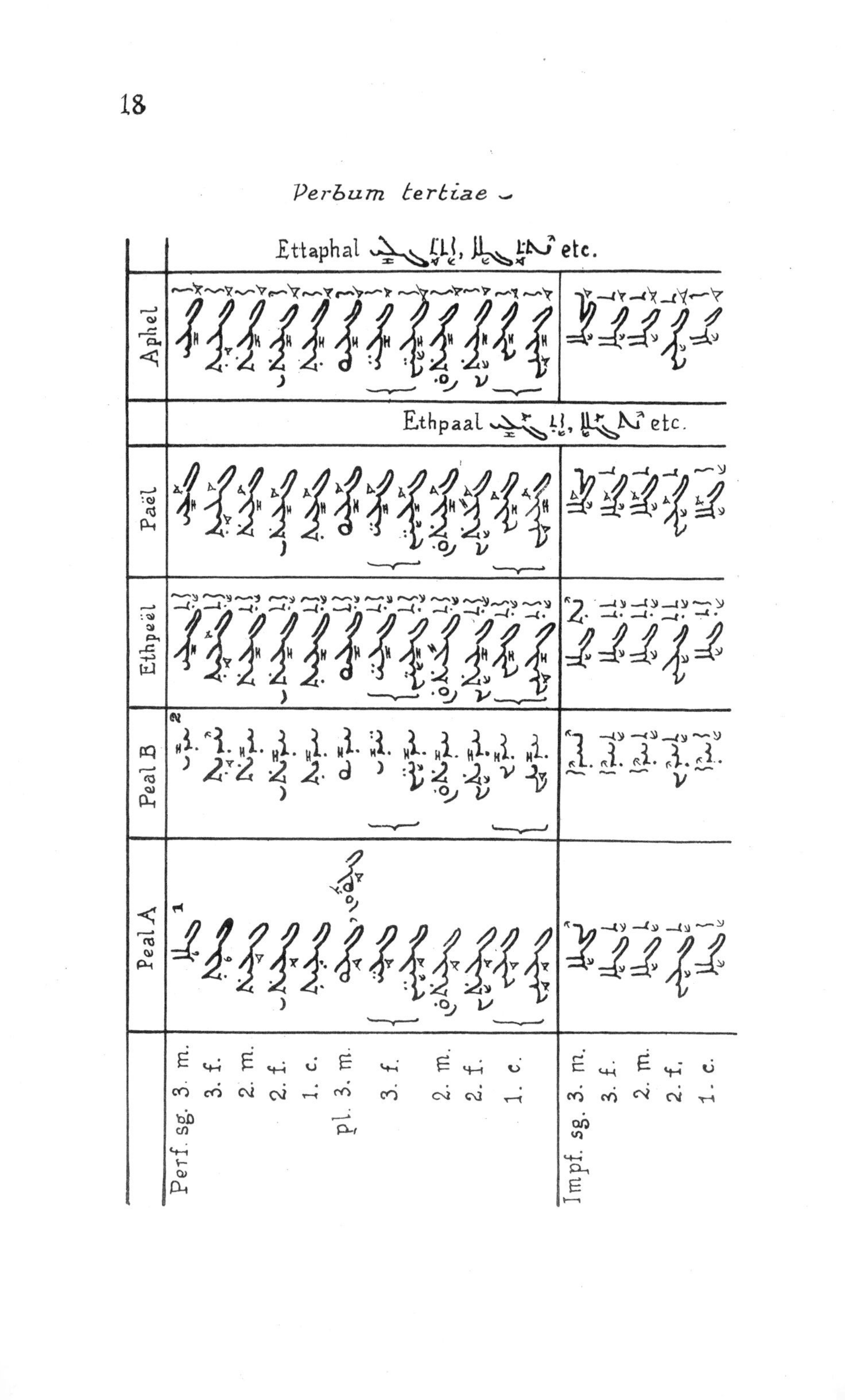

Verbum tertiae ܝ

	Peal A [1]	Peal B [2]	Ethpeël	Paël	Aphel
Perf. sg. 3. m.	[illegible]	[illegible]	[illegible]	[illegible]	[illegible]
3. f.	[illegible]	[illegible]	[illegible]	[illegible]	[illegible]
2. m.	[illegible]	[illegible]	[illegible]	[illegible]	[illegible]
2. f.	[illegible]	[illegible]	[illegible]	[illegible]	[illegible]
1. c.	[illegible]	[illegible]	[illegible]	[illegible]	[illegible]
pl. 3. m.	[illegible]	[illegible]	[illegible]	[illegible]	[illegible]
3. f.	[illegible]	[illegible]	[illegible]	[illegible]	[illegible]
2. m.	[illegible]	[illegible]	[illegible]	[illegible]	[illegible]
2. f.	[illegible]	[illegible]	[illegible]	[illegible]	[illegible]
1. c.	[illegible]	[illegible]	[illegible]	[illegible]	[illegible]
Impf. sg. 3. m.	[illegible]	[illegible]	[illegible]	[illegible]	[illegible]
3. f.	[illegible]	[illegible]	[illegible]	[illegible]	[illegible]
2. m.	[illegible]	[illegible]	[illegible]	[illegible]	[illegible]
2. f.	[illegible]	[illegible]	[illegible]	[illegible]	[illegible]
1. c.	[illegible]	[illegible]	[illegible]	[illegible]	[illegible]

Ethpaal [illegible], [illegible] etc.

Ettaphal [illegible], [illegible] etc.

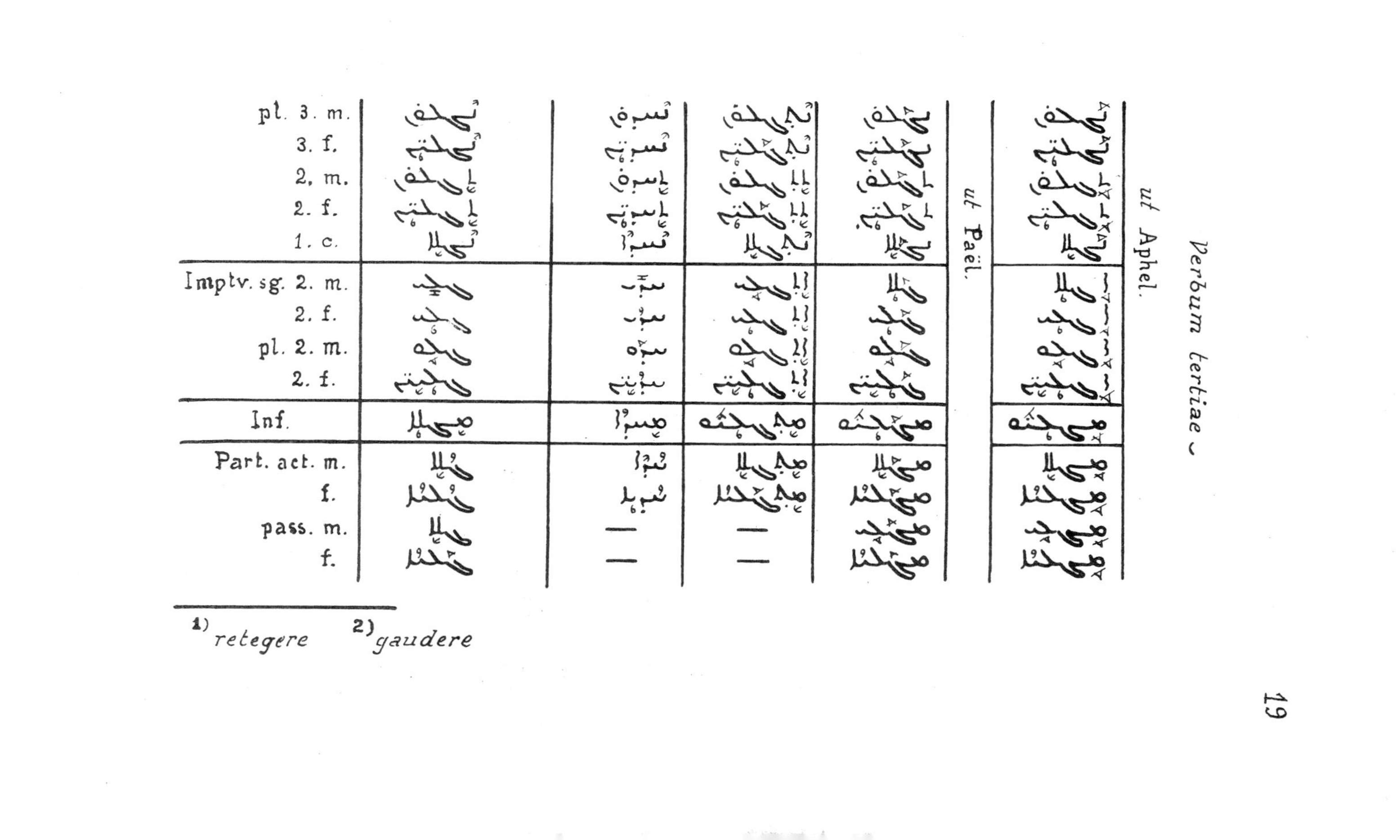

Verbum tertiae ܝ

	ut Aphel.	ut Paël.			
pl. 3. m.	[illegible]	[illegible]	[illegible]	[illegible]	[illegible]
3. f.	[illegible]	[illegible]	[illegible]	[illegible]	[illegible]
2. m.	[illegible]	[illegible]	[illegible]	[illegible]	[illegible]
2. f.	[illegible]	[illegible]	[illegible]	[illegible]	[illegible]
1. c.	[illegible]	[illegible]	[illegible]	[illegible]	[illegible]
Imptv. sg. 2. m.	[illegible]	[illegible]	[illegible]	[illegible]	[illegible]
2. f.	[illegible]	[illegible]	[illegible]	[illegible]	[illegible]
pl. 2. m.	[illegible]	[illegible]	[illegible]	[illegible]	[illegible]
2. f.	[illegible]	[illegible]	[illegible]	[illegible]	[illegible]
Inf.	[illegible]	[illegible]	[illegible]	[illegible]	[illegible]
Part. act. m.	[illegible]	[illegible]	[illegible]	[illegible]	[illegible]
f.	[illegible]	[illegible]	[illegible]	[illegible]	[illegible]
pass. m.	[illegible]	[illegible]	—	—	[illegible]
f.	[illegible]	[illegible]	—	—	[illegible]

1) *retegere* 2) *gaudere*

Verbum mediae ܘ *et* ܝ

	Peal A	Peal B, C	Ethpeël, Ettaphal		Aphel
Perf. sg. 3. m.	ܩܳܡ [1]	ܩܺܝܡ [2]	ܐܶܬܬܩܺܝܡ	Paël ܩܰܝܶܡ, ܢܩܰܝܶܡ etc., Ethpaal ܐܶܬܩܰܝܰܡ, ܢܶܬܩܰܝܰܡ etc.	ܐܰܩܺܝܡ
3. f.	ܩܳܡܰܬ	ܩܺܝܡܰܬ	ܐܶܬܬܩܺܝܡܰܬ		ܐܰܩܺܝܡܰܬ
2. m.	ܩܳܡܬ	ܩܺܝܡܬ	ܐܶܬܬܩܺܝܡܬ		ܐܰܩܺܝܡܬ
2. f.	ܩܳܡܬܝ	ܩܺܝܡܬܝ	ܐܶܬܬܩܺܝܡܬܝ		ܐܰܩܺܝܡܬܝ
1. c.	ܩܳܡܶܬ	ܩܺܝܡܶܬ	ܐܶܬܬܩܺܝܡܶܬ		ܐܰܩܺܝܡܶܬ
pl. 3. m.	ܩܳܡܘ	ܩܺܝܡܘ	ܐܶܬܬܩܺܝܡܘ		ܐܰܩܺܝܡܘ
	ܩܳܡܽܘܢ	ܩܺܝܡܽܘܢ	ܐܶܬܬܩܺܝܡܽܘܢ		ܐܰܩܺܝܡܽܘܢ
3. f.	ܩܳܡ	ܩܺܝܡ	ܐܶܬܬܩܺܝܡ		ܐܰܩܺܝܡ
	ܩܳܡܝ	ܩܺܝܡܝ	ܐܶܬܬܩܺܝܡܝ		ܐܰܩܺܝܡܝ
	ܩܳܡܶܝܢ	ܩܺܝܡܶܝܢ	ܐܶܬܬܩܺܝܡܶܝܢ		ܐܰܩܺܝܡܶܝܢ
2. m.	ܩܳܡܬܽܘܢ	ܩܺܝܡܬܽܘܢ	ܐܶܬܬܩܺܝܡܬܽܘܢ		ܐܰܩܺܝܡܬܽܘܢ
2. f.	ܩܳܡܬܶܝܢ	ܩܺܝܡܬܶܝܢ	ܐܶܬܬܩܺܝܡܬܶܝܢ		ܐܰܩܺܝܡܬܶܝܢ
1. c	ܩܳܡܢ	ܩܺܝܡܢ	ܐܶܬܬܩܺܝܡܢ		ܐܰܩܺܝܡܢ
	ܩܳܡܢܰܢ	ܩܺܝܡܢܰܢ	ܐܶܬܬܩܺܝܡܢܰܢ		ܐܰܩܺܝܡܢܰܢ
Impf. sg. 3. m.	ܢܩܽܘܡ	ܢܩܺܝܡ [3]	ܢܶܬܬܩܺܝܡ		ܢܩܺܝܡ
3. f.	ܬܩܽܘܡ	ܬܩܺܝܡ	ܬܶܬܬܩܺܝܡ		ܬܩܺܝܡ
	ܬܩܽܘܡܢ	ܬܩܺܝܡܢ	ܬܶܬܬܩܺܝܡܢ		ܬܩܺܝܡܢ
2. m.	ܬܩܽܘܡ	ܬܩܺܝܡ	ܬܶܬܬܩܺܝܡ		ܬܩܺܝܡ
2. f.	ܬܩܽܘܡܝܢ	ܬܩܺܝܡܝܢ	ܬܶܬܬܩܺܝܡܝܢ		ܬܩܺܝܡܝܢ
1. c.	ܐܩܽܘܡ	ܐܩܺܝܡ	ܐܶܬܬܩܺܝܡ		ܐܩܺܝܡ

Ettaphal =

Verbum mediae ܘ et ܝ

Ethpeël (q. v.).

pl. 3. m.	ܢܩܝܡܘܢ
3. f.	ܢܩܝܡܢ
2. m.	ܬܩܝܡܘܢ
2. f.	ܬܩܝܡܢ
1. c.	ܢܩܝܡ
Imptv. sg. 2. m.	ܐܩܝܡ
2. f.	ܐܩܝܡܝ
pl. 2. m	ܐܩܝܡܘ / ܐܩܝܡܘܢ
2. f.	ܐܩܝܡܝ / ܐܩܝܡܝܢ
Inf.	ܡܩܡܘ
Part. act. m.	ܡܩܝܡ
f.	ܡܩܝܡܐ
pass. m.	ܡܩܡ
f.	ܡܩܡܐ

sequuntur verbum firmum.

pl. 3. m.	ܢܩܘܡܘܢ	ܢܩܝܡܘܢ	ܢܬܬܩܝܡܘܢ
3. f.	ܢܩܘܡܢ	ܢܩܝܡܢ	ܢܬܬܩܝܡܢ
2. m.	ܬܩܘܡܘܢ	ܬܩܝܡܘܢ	ܬܬܬܩܝܡܘܢ
2. f.	ܬܩܘܡܢ	ܬܩܝܡܢ	ܬܬܬܩܝܡܢ
1. c.	ܢܩܘܡ	ܢܩܝܡ	ܢܬܬܩܝܡ
Imptv. sg. 2. m.	ܩܘܡ	ܩܝܡ	ܐܬܬܩܝܡ
2. f.	ܩܘܡܝ	ܩܝܡܝ	ܐܬܬܩܝܡܝ
pl. 2. m	ܩܘܡܘ / ܩܘܡܘܢ	ܩܝܡܘ / ܩܝܡܘܢ	ܐܬܬܩܝܡܘ / ܐܬܬܩܝܡܘܢ
2. f.	ܩܘܡܝ / ܩܘܡܝܢ	ܩܝܡܝ / ܩܝܡܝܢ	ܐܬܬܩܝܡܝ / ܐܬܬܩܝܡܝܢ
Inf.	ܡܩܡ	ܡܩܝܡܘ	ܡܬܬܩܡܘ
Part. act. m.	ܩܐܡ	ܡܩܝܡ	ܡܬܬܩܝܡ
f.	ܩܝܡܐ	ܡܩܝܡܐ	ܡܬܬܩܝܡܐ
pass. m.	ܩܝܡ	ܡܩܝܡ	—
f.	ܩܝܡܐ	ܡܩܝܡܐ	—

1) surgere 2) mori (impf. ܢܡܘܬ = ܢܡܘܬ). 3) collocare (perf. ܣܝܡ = ܣܡ).

Verbum mediae geminatae

		Peal A	Peal B	Ethpeël		Aphel	Ettaphal
Perf. sg.	3. m.	[illegible] [1]	[illegible] [2]	[illegible]	Paël [illegible], [illegible] etc., Ethpaal [illegible], [illegible] etc.	[illegible]	[illegible]
	3. f.	[illegible]	[illegible]	[illegible] [3]		[illegible]	[illegible]
	2. m.	[illegible]	[illegible]	[illegible]		[illegible]	[illegible]
	2. f.	[illegible]	[illegible]	[illegible]		[illegible]	[illegible]
	1. c.	[illegible]	[illegible]	[illegible] [3]		[illegible]	[illegible]
pl.	3. m.	[illegible] / [illegible]	[illegible] / [illegible]	[illegible] / [illegible]		[illegible] / [illegible]	[illegible] / [illegible]
	3. f.	[illegible] / [illegible] / [illegible]	[illegible] / [illegible] / [illegible]	[illegible] / [illegible] / [illegible]		[illegible] / [illegible] / [illegible]	[illegible] / [illegible] / [illegible]
	2. m.	[illegible]	[illegible]	[illegible]		[illegible]	[illegible]
	2. f.	[illegible]	[illegible]	[illegible]		[illegible]	[illegible]
	1. c.	[illegible] / [illegible]	[illegible] / [illegible]	[illegible] / [illegible]		[illegible] / [illegible]	[illegible] / [illegible]
Impf. sg.	3. m.	[illegible]	[illegible]	[illegible]		[illegible]	[illegible]
	3. f.	[illegible] / [illegible]	[illegible] / [illegible]	[illegible] / [illegible]		[illegible] / [illegible]	[illegible] / [illegible]
	2. m.	[illegible]	[illegible]	[illegible]		[illegible]	[illegible]
	2. f.	[illegible]	[illegible]	[illegible]		[illegible]	[illegible]
	1. c.	[illegible]	[illegible]	[illegible]		[illegible]	[illegible]

				sequuntur verbum firmum.	Verbum mediae geminatae	
pl. 3. m.	[illegible]	[illegible]	[illegible] [3]		[illegible]	[illegible]
3. f.	[illegible]	[illegible]	[illegible] [3]		[illegible]	[illegible]
2. m.	[illegible]	[illegible]	[illegible] [3]		[illegible]	[illegible]
2. f.	[illegible]	[illegible]	[illegible] [3]		[illegible]	[illegible]
1. c.	[illegible]	[illegible]	[illegible]		[illegible]	[illegible]
Imptv. sg. 2. m.	[illegible]	[illegible]	[illegible] [3]		[illegible]	[illegible]
2. f.	[illegible]	[illegible]	[illegible] [3]		[illegible]	[illegible]
pl. 2. m.	[illegible]	[illegible]	[illegible] [3]		[illegible]	[illegible]
	[illegible]	[illegible]	[illegible] [3]		[illegible]	[illegible]
2. f.	[illegible]	[illegible]	[illegible] [3]		[illegible]	[illegible]
	[illegible]	[illegible]	[illegible] [3]		[illegible]	[illegible]
Inf.	[illegible]	[illegible]	[illegible]		[illegible]	[illegible]
Part. act. m.	[illegible]	[illegible]	[illegible]		[illegible]	[illegible]
f.	[illegible]	[illegible]	[illegible] [3]		[illegible]	[illegible]
pass. m.	[illegible]	[illegible]	—		[illegible]	—
f.	[illegible]	[illegible]	—		[illegible]	—

1) *diripere* 2) *desiderare* 3) *vel omissa priore* ܐ.

Verbum suffixis instructum

	Suff. 1. sg.	2. m. sg.	2. f. sg.	3. m. sg.	3. f. sg.	1. pl.	2. m.[1] pl.
1. Peal.							
Perf. sg. 3. m.	ܩܛܠܢܝ	ܩܛܠܟ	ܩܛܠܟܝ	ܩܛܠܗ	ܩܛܠܗ̇	ܩܛܠܢ	ܩܛܠܟܘܢ
3. f.	ܩܛܠܬܢܝ	ܩܛܠܬܟ	ܩܛܠܬܟܝ	ܩܛܠܬܗ	ܩܛܠܬܗ̇	ܩܛܠܬܢ	ܩܛܠܬܟܘܢ
2. m.	ܩܛܠܬܢܝ	—	—	ܩܛܠܬܝܗܝ	ܩܛܠܬܗ̇	ܩܛܠܬܢ	—
2. f.	ܩܛܠܬܝܢܝ	—	—	ܩܛܠܬܝܗܝ	ܩܛܠܬܝܗ̇	ܩܛܠܬܝܢ	—
1. c.	—	ܩܛܠܬܟ	ܩܛܠܬܟܝ	ܩܛܠܬܗ	ܩܛܠܬܗ̇	—	ܩܛܠܬܟܘܢ
pl. 3. m.	{ ܩܛܠܘܢܝ ܩܛܠܘܢܢܝ	{ ܩܛܠܘܟ ܩܛܠܘܢܟ	{ ܩܛܠܘܟܝ ܩܛܠܘܢܟܝ	{ ܩܛܠܘܗܝ ܩܛܠܘܢܗܝ	{ ܩܛܠܘܗ̇ ܩܛܠܘܢܗ̇	{ ܩܛܠܘܢ ܩܛܠܘܢܢ	{ ܩܛܠܘܟܘܢ ܩܛܠܘܢܟܘܢ
3. f.	{ ܩܛܠܢܝ ܩܛܠܝܢܢܝ	{ ܩܛܠܟ ܩܛܠܝܢܟ	{ ܩܛܠܟܝ ܩܛܠܝܢܟܝ	{ ܩܛܠܝܗܝ ܩܛܠܝܢܗܝ	{ ܩܛܠܗ̇ ܩܛܠܝܢܗ̇	{ ܩܛܠܢ ܩܛܠܝܢܢ	{ — ܩܛܠܝܢܟܘܢ
2. m.	ܩܛܠܬܘܢܢܝ	—	—	ܩܛܠܬܘܢܗܝ	ܩܛܠܬܘܢܗ̇	ܩܛܠܬܘܢܢ	—
2. f.	ܩܛܠܬܝܢܢܝ	—	—	ܩܛܠܬܝܢܗܝ	ܩܛܠܬܝܢܗ̇	ܩܛܠܬܝܢܢ	—
1. c.	—	ܩܛܠܢܟ	ܩܛܠܢܟܝ	ܩܛܠܢܗܝ	ܩܛܠܢܗ̇	—	ܩܛܠܢܟܘܢ

Verbum suffixis instructum

Impf. sg. 3. m.[2]	ܢܩܛܠܢܝ	ܢܩܛܠܟ	ܢܩܛܠܟܝ	ܢܩܛܠܝܘܗܝ[4]	ܢܩܛܠܗ	ܢܩܛܠܢ	ܢܩܛܠ ܟܘܢ
2. m.	ܬܩܛܠܢܝ	—	—	ܬܩܛܠܝܘܗܝ[4]	ܬܩܛܠܗ	ܬܩܛܠܢ	—
	ܬܩܛܘܠܝܢܝ	—	—	ܬܩܛܘܠܝܘܗܝ	ܬܩܛܘܠܝܗ	ܬܩܛܘܠܝܢ	—
2. f.	ܬܩܛܠܝܢܢܝ	—	—	ܬܩܛܠܝܢܝܘܗܝ[4]	ܬܩܛܠܝܢܗ	ܬܩܛܠܝܢܢ	—
pl. 3. m.[3]	ܢܩܛܠܘܢܢܝ	ܢܩܛܠܘܢܟ	ܢܩܛܠܘܢܟܝ	ܢܩܛܠܘܢܝܘܗܝ[4]	ܢܩܛܠܘܢܗ	ܢܩܛܠܘܢܢ	ܢܩܛܠܘܢ ܟܘܢ
3. f.[3]	ܢܩܛܠܢܢܝ	ܢܩܛܠܢܟ	ܢܩܛܠܢܟܝ	ܢܩܛܠܢܝܘܗܝ[4]	ܢܩܛܠܢܗ	ܢܩܛܠܢܢ	ܢܩܛܠܢ ܟܘܢ
Imptv. sg. 2. m.	ܩܛܘܠܝܢܝ	—	—	ܩܛܘܠܝܘܗܝ	ܩܛܘܠܝܗ	ܩܛܘܠܝܢ	—
2. f.	ܩܛܘܠܝܢܝ	—	—	ܩܛܘܠܝܘܗܝ	ܩܛܘܠܝܗ	ܩܛܘܠܝܢ	—
pl. 2. m.	ܩܛܘܠܘܢܝ	—	—	ܩܛܘܠܘܗܝ	ܩܛܘܠܘܗ	ܩܛܘܠܘܢ	—
	ܩܛܘܠܘܢܢܝ	—	—	ܩܛܘܠܘܢܝܘܗܝ	ܩܛܘܠܘܢܗ	ܩܛܘܠܘܢܢ	—
	ܩܛܠܘܢܢܝ	—	—	ܩܛܠܘܢܝܘܗܝ	ܩܛܠܘܢܗ	ܩܛܠܘܢܢ	—
2. f.	ܩܛܘܠܝܢܝ	—	—	ܩܛܘܠܝܘܗܝ	ܩܛܘܠܝܗ	ܩܛܘܠܝܢ	—
	ܩܛܘܠܝܢܢܝ	—	—	ܩܛܘܠܝܢܝܘܗܝ	ܩܛܘܠܝܢܗ	ܩܛܘܠܝܢܢ	—
Inf.	ܡܩܛܠܢܝ	ܡܩܛܠܟ	ܡܩܛܠܟܝ	ܡܩܛܠܗ	ܡܩܛܠܗ	ܡܩܛܠܢ	ܡܩܛܠܟܘܢ

1) *In 2.f.pl. pro* ܟܘܢ *substitue* ܟܝܢ. 2) *Eodem prorsus modo formatur. 3f., 1c.sg., 1c.pl.*

3) *2. pers. simili modo.* 4) *Vel substitue* ܗܝ *pro* ܝܘܗܝ = *et* ܝܗܝ.

Ezra 7, 12-26 (mass. emend.).

12 אַרְתַּחְשַׁסְתְּא מֶלֶךְ מַלְכַיָּא לְעֶזְרָא כָהֲנָא
סָפַר דָּתָא דִּי־אֱלָהּ שְׁמַיָּא. גְּמִיר וּכְעֶנֶת.
13 מִנִּי שִׂים טְעֵם דִּי כָל־מִתְנַדַּב
בְּמַלְכוּתִי מִן־עַמָּא יִשְׂרָאֵל וְכָהֲנוֹהִי
וְלֵוָיֵא לִמְהָךְ לִירוּשְׁלֶם עִמָּךְ יְהָךְ׃
14 כָּל־קֳבֵל דִּי מִן־קֳדָם מַלְכָּא וְשִׁבְעַת יָעֲטֹהִי שְׁלִיחַ
לְבַקָּרָה עַל־יְהוּד וְלִירוּשְׁלֶם
בְּדָת אֱלָהָךְ דִּי בִידָךְ׃
15 וּלְהֵיבָלָה כְּסַף וּדְהַב דִּי־מַלְכָּא
וְיָעֲטוֹהִי הִתְנַדַּבוּ לֶאֱלָהּ יִשְׂרָאֵל
דִּי בִירוּשְׁלֶם מִשְׁכְּנֵהּ.
16 וְכֹל כְּסַף וּדְהַב דִּי תְהַשְׁכַּח בְּכֹל מְדִינַת
בָּבֶל עִם הִתְנַדָּבוּת עַמָּא וְכָהֲנַיָּא
מִתְנַדְּבִין
לְבֵית אֱלָהֲהֹם דִּי בִירוּשְׁלֶם.
17 כָּל־קֳבֵל דְּנָה אָסְפַּרְנָא תִקְנֵא. בְּכַסְפָּא דְנָה
תּוֹרִין דִּכְרִין אִמְּרִין וּמִנְחָתְהוֹן וְנִסְכֵּיהוֹן
וּתְקָרֵב הִמּוֹ עַל־מַדְבְּחָה דִּי בֵּית אֱלָהֲכֹם דִּי בִירוּשְׁלֶם.
18 וּמָה דִי עֲלָיךְ וְעַל־אֶחָיךְ יֵיטַב בִּשְׁאָר כַּסְפָּא
וְדַהֲבָה לְמֶעְבַּד כִּרְעוּת אֱלָהֲכֹם תַּעַבְדוּן.
19 וּמָאנַיָּא דִּי־מִתְיַהֲבִין לָךְ לְפָלְחָן בֵּית
אֱלָהָךְ הַשְׁלֵם קֳדָם אֱלָהּ יְרוּשְׁלֶם.

Ezra 7, 12-26 (peš.)

12 ܐܪܬܚܫܫܬ ܡܠܟܐ ܡܠܟ ܡܠܟ̈ܐ ܠܥܙܪܐ ܟܗܢܐ
ܘܣܦܪܐ ܣܦܪ ܢܡܘܣܐ ܕܐܠܗ ܫܡܝܐ ܫܠܡ.
13 ܐܢܐ ܦܩܕܬ ܘܣܡܬ ܢܡܘܣܐ ܕܟܠܡܢ ܕܨܒܐ
ܒܡܠܟܘܬܝ ܡܢ ܥܡܐ ܕܐܝܣܪܝܠ ܘܡܢ ܟܗܢ̈ܐ
ܘܡܢ ܠܘ̈ܝܐ ܕܢܐܙܠܘܢ ܥܡܟ ܠܐܘܪܫܠܡ.
14 ܐܢܐ ܦܩܕܬ ܘܫܕܪܬ ܢܡܘܣܐ ܘܣܦܪܐ ܡܢ ܩܕܡܝ
ܠܡܣܥܪܘ ܥܠ ܝܗܘܕ ܘܥܠ ܐܘܪܫܠܡ ܘܐܦ
ܠܡܣܥܪܘ ܥܠ ܢܡܘܣܐ ܕܐܠܗܟ ܕܒܐܝܕܝܟ
15 ܘܠܡܘܒܠܘ ܣܐܡܐ ܘܕܗܒܐ ܕܡܠܟܐ ܕܐܢܐ
ܡܢ ܨܒܘܬܗ ܘܪ̈ܚܡܝ ܩܪܒܘ ܠܐܠܗܐ ܕܐܝܣܪܝܠ
ܕܐܘܪܫܠܡ ܡܫܪܝܗ ܗܘ (ܡܫܪܝܐ ܗܘ :.occ).
16 ܘܟܠ ܣܐܡܐ ܘܕܗܒܐ ܕܬܫܟܚ ܒܟܠܗ ܡܕܝܢܬܐ
ܕܒܒܠ ܥܡ ܐܝܬܝܐ ܘܥܡܡܐ ܘܟܗܢ̈ܐ
ܕܐܬܪܥܝܘ ܕܢܬܠܘܢ ܠܒܝܬܐ ܥܡ ܐܝܬܝܐ
ܠܒܝܬܐ ܕܐܠܗܐ ܕܒܐܘܪܫܠܡ.
17 ܘܡܢ ܟܠ ܬܙܒܢ ܒܣܐܡܐ ܗܢܐ
ܬܘܪ̈ܐ ܘܕܟܪ̈ܐ ܘܐܡܪ̈ܐ ܘܩܘܪܒܢܝܗܘܢ ܘܢܘܣܟܝܗܘܢ
ܘܩܪܒ ܐܢܘܢ ܥܠ ܡܕܒܚܐ ܕܐܠܗܟܘܢ ܕܒܐܘܪܫܠܡ.
18 ܘܡܕܡ ܕܫܦܪ ܠܟ ܘܠܐܚܝܟ ܒܫܪܟܐ ܕܣܐܡܐ
ܗܢܐ ܠܡܥܒܕ ܐܝܟ ܨܒܝܢܐ ܕܐܠܗܐ ܥܒܕܘܗܝ.
19 ܘܡܐܢ̈ܐ ܕܡܬܝܗܒܝܢ ܠܟ ܠܦܘܠܚܢܐ ܕܒܝܬܗ
ܕܐܠܗܟ ܐܫܠܡ ܩܕܡ ܐܠܗܐ ܕܒܐܘܪܫܠܡ.

20 וּשְׁאָר חַשְׁחוּת בֵּית אֱלָהָךְ דִּי יִפֶּל־לָךְ לְמִנְתַּן
תִּנְתֵּן מִן־בֵּית גִּנְזֵי מַלְכָּא.
21 וּמִנִּי אֲנָה אַרְתַּחְשַׁסְתְּא מַלְכָּא שִׂים טְעֵם
לְכֹל גִּזַּבְרַיָּא דִּי בַּעֲבַר נַהֲרָה דִּי כָל־
דִּי יִשְׁאֲלֶנְכוֹן עֶזְרָא כָהֲנָא סָפַר דָּתָא
דִּי־אֱלָהּ שְׁמַיָּא אָסְפַּרְנָא יִתְעֲבִד
22 עַד־כְּסַף כַּכְּרִין מְאָה וְעַד־חִנְטִין כֹּרִין
מְאָה וְעַד־חֲמַר בַּתִּין מְאָה וְעַד־מְשַׁח
בַּתִּין מְאָה וּמְלַח דִּי־לָא כְתָב.
23 כָּל־דִּי מִן־טַעַם אֱלָהּ שְׁמַיָּא יִתְעֲבֵד
אַדְרַזְדָּא לְבֵית אֱלָהּ שְׁמַיָּא
דִּי־לְמָה לֶהֱוֵא קְצַף עַל־מַלְכוּת מַלְכָּא וּבְנוֹהִי.
24 וּלְכֹם מְהוֹדְעִין דִּי כָל־כָּהֲנַיָּא וְלֵוָיֵא
זַמָּרַיָּא תָרָעַיָּא נְתִינַיָּא וּפָלְחֵי בֵּית אֱלָהָא דְנָה
מִנְדָּה בְלוֹ וַהֲלָךְ לָא שַׁלִּיט לְמִרְמֵא עֲלֵיהֹם.
25 וְאַנְתְּ עֶזְרָא כְּחָכְמַת אֱלָהָךְ דִּי־בִידָךְ
מֶנִּי שָׁפְטִין וְדַיָּנִין דִּי לְהוֹן דָּאְנִין לְכָל־עַמָּא
דִּי בַּעֲבַר נַהֲרָה לְכָל־יָדְעֵי דָּתֵי אֱלָהָךְ.
וְדִי לָא יָדַע תְּהוֹדְעוּן.
26 וְכָל־דִּי לָא לֶהֱוֵא עָבֵד דָּתָא דִּי אֱלָהָךְ
וְדָתָא דִּי מַלְכָּא אָסְפַּרְנָא
דִּינָה לֶהֱוֵא מִתְעֲבֵד מִנֵּהּ הֵן לְמוֹת
הֵן לִשְׁרֹשׁוּ הֵן־לַעֲנָשׁ נִכְסִין וְלֶאֱסוּרִין.

20 ܘܫܪܟܐ ܕܣܘܢܩܢܐ ܕܡܬܒܥܝܢ ܠܟ ܠܡܫܟܢܐ ܕܒܝܬ ܐܠܗܟ ܬܬܠ
ܘܬܬܠܠ ܡܢ ܓܙܗ ܕܡܠܟܐ.
21 ܐܢܐ ܐܪܛܚܫܫܬ ܡܠܟܐ ܣܡܬ ܛܥܡܐ
ܠܟܠܗܘܢ ܓܙܒܪܐ ܕܒܥܒܪ ܢܗܪܐ ܕܟܠ ܡܕܡ
ܕܢܫܐܠܟܘܢ ܥܙܪܐ ܟܗܢܐ ܣܦܪܐ ܕܢܡܘܣܐ
ܕܐܠܗ ܫܡܝܐ ܒܚܦܝܛܘܬ ܢܬܥܒܕ
22 ܥܕܡܐ ܠܟܣܦܐ ܟܟܪܝܢ ܡܐܐ ܥܕܡܐ ܠܚܛܐ ܟܘܪܝܢ
ܡܐܐ ܥܕܡܐ ܠܚܡܪܐ ܒܬܐ ܡܐܐ ܥܕܡܐ ܠܡܫܚܐ
ܒܬܐ ܡܐܐ ܘܡܠܚܐ ܕܠܐ ܡܢܝܢ.
23 ܘܟܠ ܡܕܡ ܕܡܫܬܐܠ ܢܬܝܗܒ ܘܢܬܥܒܕ
ܠܗ ܐܝܟ ܢܡܘܣܐ ܕܐܠܗ ܫܡܝܐ ܢܣܒ ܘܢܬܒܥ
ܘܠܐ ܢܗܘܐ ܪܘܓܙܐ ܥܠ ܡܠܟܘܬܐ ܡܠܟܐ ܘܒܢܘܗܝ.
24 ܘܠܟܘܢ ܡܘܕܥܝܢܢ ܕܥܠ ܟܠ ܟܗܢܐ ܘܠܘܝܐ
ܘܙܡܪܐ ܘܬܪܥܐ ܘܦܠܚܝ ܒܝܬ ܐܠܗܐ (occ.:
ܠܐ ܫܠܝܛ ܠܟܘܢ ܠܡܪܡܐ ܥܠܝܗܘܢ ܡܕܡ.
25 ܘܐܢܬ ܥܙܪܐ ܣܦܪܐ ܐܝܟ ܚܟܡܬܗ ܕܐܠܗܟ ܕܐܝܬ ܠܟ
ܡܢܝ ܫܦܛܐ ܘܕܝܢܐ ܕܢܗܘܘܢ ܕܐܝܢܝܢ ܠܟܠܗ ܥܡܐ
ܕܒܥܒܪ ܢܗܪܐ ܠܟܠ ܝܕܥܝ ܢܡܘܣܐ ܕܐܠܗܟ.
ܘܡܢ ܕܠܐ ܝܕܥ ܐܘܕܥܘܗܝ.
26 ܘܟܠ ܕܠܐ ܢܗܘܐ ܥܒܕ ܢܡܘܣܐ ܕܐܠܗܟ
ܘܢܡܘܣܐ ܕܡܠܟܐ ܒܚܦܝܛܘܬ
ܢܗܘܐ ܡܬܥܒܕ ܡܢܗ ܕܝܢܐ ܐܢ ܠܡܘܬܐ
ܐܘ ܠܫܪܫܐ ܐܘ ܠܥܘܢܫܐ ܕܢܟܣܐ ܐܘ ܠܒܝܬ ܐܣܝܪܐ.

Ex Evangelio s. Marcum

Cp. 5.

[1] ܘܐܬܘ ܠܥܒܪܐ ܕܝܡܐ ܠܐܬܪܐ ܕܓܕܪܝܐ. [2] ܘܟܕ
ܢܦܩ ܡܢ ܣܦܝܢܬܐ. ܦܓܥ ܒܗ ܡܢ ܒܝܬ
ܩܒܘܪܐ ܓܒܪܐ ܕܐܝܬ ܒܗ ܪܘܚܐ ܛܢܦܬܐ. [3] ܘܗܘ ܥܡܪ
ܗܘܐ ܒܝܬ ܩܒܘܪܐ. ܘܒܫܫܠܬܐ ܐܦܠܐ ܐܢܫ ܡܫܟܚ
ܗܘܐ ܠܡܐܣܪܗ. [4] ܡܛܠ ܕܟܠ ܐܡܬܝ ܕܒܟܒܠܐ
ܘܒܫܫܠܬܐ ܐܬܐܣܪ ܗܘܐ. ܦܣܩ ܗܘܐ ܫܫܠܬܐ
ܘܟܒܠܐ ܡܬܒܪ ܗܘܐ. ܘܠܐ ܐܢܫ
ܡܫܟܚ ܗܘܐ ܠܡܫܬܢܩܘ. [5] ܘܒܟܠܙܒܢ
ܒܠܠܝܐ ܘܒܐܝܡܡܐ ܒܝܬ ܩܒܘܪܐ ܘܒܛܘܪܐ ܐܝܬܘܗܝ
ܗܘܐ. ܘܩܥܐ ܗܘܐ ܘܡܓܪܡ ܢܦܫܗ ܒܟܐܦܐ.
[6] ܟܕ ܚܙܐ ܕܝܢ ܠܝܫܘܥ ܡܢ ܪܘܚܩܐ. ܪܗܛ
ܤܓܕ ܠܗ. [7] ܘܩܥܐ ܒܩܠܐ ܪܡܐ ܘܐܡܪ. ܡܐ
ܠܝ ܘܠܟ ܝܫܘܥ ܒܪܗ ܕܐܠܗܐ ܡܪܝܡܐ.
ܡܘܡܐ ܐܢܐ ܠܟ ܒܐܠܗܐ ܕܠܐ ܬܫܢܩܢܝ. [8] ܐܡܪ
ܗܘܐ ܠܗ ܓܝܪ. ܦܘܩ ܡܢ ܒܪܢܫܐ ܪܘܚܐ ܛܢܦܬܐ.
[9] ܘܫܐܠܗ. ܡܢܘ ܫܡܟ. ܐܡܪ ܠܗ ܠܓܝܘܢ
ܫܡܢ. ܡܛܠ ܕܣܓܝܐܝܢ ܚܢܢ. [10] ܘܒܥܐ ܗܘܐ ܡܢܗ
ܤܓܝ: ܕܠܐ ܢܫܕܪܝܘܢ ܠܒܪ ܡܢ ܐܬܪܐ. [11] ܐܝܬ ܗܘܐ
ܕܝܢ ܬܡܢ ܠܘܬ ܛܘܪܐ. ܒܩܪܐ ܕܚܙܝܪܐ ܪܒܐ
ܕܪܥܝܐ: [12] ܘܒܥܘ ܗܘܘ ܡܢܗ ܫܐܕܐ ܘܐܡܪܝܢ
ܫܕܪܝܢ. ܥܠ ܗܠܝܢ ܚܙܝܪܐ ܕܒܗܘܢ ܢܥܘܠ.
[13] ܘܐܦܤ ܠܗܘܢ. ܘܢܦܩܘ ܪܘܚܐ ܛܢܦܬܐ

ܘܥܠܘ ܒܚܙܝܪܐ. ܘܪܗܛܬ ܗܝ ܓܙܪܬܐ ܠܝܡܐ.
ܘܢܦܠܬ ܒܝܡܐ ܐܝܟ ܬܪܝܢ ܐܠܦܝܢ. ܘܐܬܚܢܩܘ
ܒܡܝܐ. ∴ . ∴ .
[14] ܘܪܥܝܐ ܕܪܥܝܢ ܗܘܘ ܠܗܘܢ ܥܪܩܘ ܘܐܡܪܘ
ܒܡܕܝܢܬܐ ܐܘ ܒܩܘܪܝܬܐ. ܘܢܦܩܘ ܠܡܚܙܐ
ܡܢ ܕܗܘܐ. [15] ܘܐܬܘ ܠܘܬ ܝܫܘܥ. ܘܚܙܘܢ
ܠܗܘ ܕܐܬܕܝܘܢ. ܝܬܒ ܠܒܝܫ. ܘܡܫܦܝ. ܘܕܚܠܘ:
ܗܘ ܕܐܝܬ ܗܘܐ ܒܗ ܠܓܝܘܢ. [16] ܘܐܫܬܥܝܘ
ܠܗܘܢ ܪܥܝܐ ܕܚܙܘ. ܐܝܟܢܐ ܗܘܐ ܠܗܘ ܕܐܬܕܝܘܢ.
ܘܐܦ ܥܠ ܚܙܝܪܐ. [17] ܘܫܪܝܘ ܒܥܝܢ ܡܢܗ
ܕܝܐܙܠ ܠܗ ܡܢ ܬܚܘܡܗܘܢ ∴ [18] ܘܟܕ ܣܠܩ
ܠܣܦܝܢܬܐ. ܒܥܐ ܗܘܐ ܡܢܗ ܗܘ ܕܐܬܕܝܘܢ
ܕܥܡܗ ܢܗܘܐ. [19] ܘܠܐ ܫܒܩܗ. ܐܠܐ ܐܡܪ ܠܗ:
ܐܙܠ ܠܒܝܬܟ ܠܘܬ ܐܢܫܝܟ. ܘܐܫܬܥܐ ܠܗܘܢ ܡܢ
ܕܥܒܕ ܠܟ ܡܪܝܐ ܘܐܪܚܡ ܥܠܝܟ. [20] ܘܐܙܠ ܘܫܪܝ
ܡܟܪܙ ܒܥܣܪ ܡܕܝܢܬܐ ܡܢ ܕܥܒܕ ܠܗ ܝܫܘܥ.
ܘܟܠܗܘܢ ܡܬܕܡܪܝܢ ܗܘܘ ∴
[21] ܘܟܕ ܥܒܪ ܝܫܘܥ ܒܣܦܝܢܬܐ ܠܗܘ ܥܒܪܐ.
ܬܘܒ ܐܬܟܢܫܘ ܠܘܬܗ ܟܢܫܐ ܣܓܝܐܐ: ܟܕ
ܐܝܬܘܗܝ ܥܠ ܝܕ ܝܡܐ. [22] ܘܐܬܐ ܚܕ ܡܢ ܪܒܝ
ܟܢܘܫܬܐ. ܕܫܡܗ ܝܘܐܝܪܘܣ. ܘܟܕ ܚܙܝܗܝ ܢܦܠ
ܥܠ ܪܓܠܘܗܝ. [23] ܘܒܥܐ ܗܘܐ ܡܢܗ ܣܓܝ. ܘܐܡܪ
ܠܗ. ܒܪܬܝ ܡܫܬܠܡܐ. ܬܐ ܣܝܡ ܐܝܕܟ ܥܠܝܗ.
ܘܬܬܐܣܐ ܘܬܚܐ. [24] ܘܐܙܠ ܥܡܗ ܝܫܘܥ. ܘܢܩܦܘ

ܗܘܐ ܠܗ ܟܢܫܐ ܣܓܝܐܐ. ܘܐܠܨܝܢ ܗܘܘ ܠܗ ܀
25 ܐܢܬܬܐ ܕܝܢ ܚܕܐ ܕܐܝܬܝܗ̇ ܗܘܬ ܒܪܕܝܐ ܕܕܡܐ
ܫܢܝܢ ܬܪܬܥܣܪܐ. 26 ܐܝܕܐ ܕܣܓܝ ܚܫܬ ܡܢ
ܐܣܘܬܐ ܣܓܝܐܐ: ܘܐܘܒܕܬ ܟܠ ܡܕܡ ܕܐܝܬ ܠܗ̇:
ܘܡܕܡ ܠܐ ܐܬܥܕܪܬ. ܐܠܐ ܐܦ ܝܬܝܪܐܝܬ ܐܬܡܚܝܬ.
27 ܟܕ ܫܡܥܬ ܥܠ ܝܫܘܥ. ܐܬܬ ܒܟܢܫܐ ܕܥܡܐ
ܡܢ ܒܣܬܪܗ. ܩܪܒܬ ܠܠܒܘܫܗ. 28 ܐܡܪܐ ܗܘܬ
ܓܝܪ. ܕܐܢ ܠܠܒܘܫܗ ܩܪܒܐ ܐܢܐ ܚܝܐ ܐܢܐ:
29 ܘܡܚܕܐ ܝܒܫ ܡܒܘܥܐ ܕܕܡܗ̇. ܘܐܪܓܫܬ ܒܦܓܪܗ̇
ܕܐܬܐܣܝܬ ܡܢ ܡܚܘܬܗ̇. 30 ܝܫܘܥ ܕܝܢ ܡܚܕܐ ܝܕܥ
ܒܢܦܫܗ. ܕܚܝܠܐ ܢܦܩ ܡܢܗ. ܘܐܬܦܢܝ ܠܘܬ ܟܢܫܐ
ܘܐܡܪ. ܡܢܘ ܩܪܒ ܠܡܐܢܝ. 31 ܘܐܡܪܝܢ ܠܗ
ܬܠܡܝܕܘܗܝ. ܚܙܐ ܐܢܬ ܠܟܢܫܐ ܕܚܒܨܝܢ ܠܟ:
ܘܐܡܪ ܐܢܬ: ܡܢܘ ܩܪܒ ܠܝ: 32 ܘܚܐܪ ܗܘܐ ܕܢܚܙܐ
ܡܢܘ ܗܘܐ ܕܥܒܕ. 33 ܗܝ ܕܝܢ ܐܢܬܬܐ ܟܕ ܕܚܝܠܐ
ܘܪܬܝܬܐ: ܘܝܕܥܐ ܡܐ ܕܗܘܐ ܠܗ̇. ܐܬܬ ܢܦܠܬ ܩܕܡܘܗܝ
ܘܐܡܪܬ ܠܗ ܟܠܗ ܫܪܪܐ. 34 ܗܘ ܕܝܢ ܐܡܪ ܠܗ̇.
ܒܪܬܝ ܗܝܡܢܘܬܟܝ ܐܚܝܬܟܝ. ܙܠܝ ܒܫܠܡܐ.
ܘܗܘܝ ܚܠܝܡܐ ܡܢ ܡܚܘܬܟܝ ∴ 35 ܘܥܕ
ܗܘ ܡܡܠܠ. ܐܬܘ ܡܢ ܒܝܬ ܪܒ ܟܢܘܫܬܐ
ܘܐܡܪܝܢ. ܕܒܪܬܟ ܡܝܬܬ. ܠܡܢܐ ܡܫܚܠܐ
ܐܢܬ ܠܡܠܦܢܐ. 36 ܝܫܘܥ ܕܝܢ ܫܡܥ ܠܡܠܬܐ
ܕܐܡܪܝܢ. ܘܐܡܪ ܠܪܒ ܟܢܘܫܬܐ. ܠܐ ܬܕܚܠ
ܒܠܚܘܕ ܗܝܡܢ. 37 ܘܠܐ ܫܒܩ ܠܐܢܫ ܕܢܐܙܠ

ܥܡܗ. ܐܠܐ ܠܫܡܥܘܢ ܟܐܦܐ: ܘܠܝܥܩܘܒ.
ܘܠܝܘܚܢܢ ܐܚܘܗܝ ܕܝܥܩܘܒ. 38 ܘܐܬܘ ܠܒܝܬܗ
ܕܪܒ ܟܢܘܫܬܐ. ܘܚܙܐ ܕܡܬܚܫܠܝܢ ܘܒܟܝܢ.
ܘܡܝܠܠܝܢ. 39 ܘܥܠ ܘܐܡܪ ܠܗܘܢ. ܡܢܐ ܪܗܛܝܢ
ܐܢܬܘܢ ܘܒܟܝܢ. ܛܠܝܬܐ ܠܐ ܡܝܬܬ. ܐܠܐ ܕܡܟܐ
ܗܝ. 40 ܘܓܚܟܝܢ ܗܘܘ ܥܠܘܗܝ. ܗܘ ܕܝܢ
ܐܦܩ ܠܟܠܗܘܢ. ܘܕܒܪ ܠܐܒܘܗ ܕܛܠܝܬܐ ܘܠܐܡܗ.
ܘܠܗܢܘܢ ܕܥܡܗ. ܘܥܠ ܠܐܝܟܐ ܕܪܡܝܐ ܗܘܬ ܛܠܝܬܐ.
41 ܘܐܚܕ ܐܝܕܗ ܕܛܠܝܬܐ ܘܐܡܪ ܠܗ. ܛܠܝܬܐ
ܩܘܡܝ. 42 ܘܡܚܕܐ ܩܡܬ ܛܠܝܬܐ ܘܡܗܠܟܐ
ܗܘܬ. ܐܝܬ ܗܘܐ ܠܗ ܓܝܪ ܫܢܝܢ ܬܪܬܥܣܪܐ.
ܘܬܡܗܘ ܬܗܪܐ ܪܒܐ. 43 ܘܦܩܕ ܐܢܘܢ
ܣܓܝ ܕܠܐ ܐܢܫ ܢܕܥ ܗܕܐ. ܘܐܡܪ ܕܢܬܠܘܢ ܠܗ
ܠܡܐܟܠ ܀

Ex libro Psalmorum.

Ps. 2.

1 I ܠܡܢܐ ܪܓܫܘ ܥܡܡܐ
ܘܐܡܘܢܐ ܪܢܘ ܣܪܝܩܘܬܐ.
2 ܩܡܘ ܡܠܟܐ ܕܐܪܥܐ
ܘܫܠܝܛܢܐ ܐܬܡܠܟܘ ܐܟܚܕܐ
ܥܠ ܡܪܝܐ ܘܥܠ ܡܫܝܚܗ:
3 ܕܢܦܣܩ ܐܣܘܪܝܗܘܢ

ܘܢܫܕܐ ܡܢܢ ܢܝܪܗܘܢ܀

4 II ܕܝܬܒ ܒܫܡܝܐ ܢܓܚܟ

ܘܡܪܝܐ ܢܡܝܩ ܒܗܘܢ܀

5 ܗܝܕܝܢ ܢܡܠܠ ܥܡܗܘܢ ܒܪܘܓܙܗ

ܘܒܚܡܬܗ ܢܕܠܚ ܐܢܘܢ:

6 ܐܢܐ ܐܩܝܡܬ ܡܠܟܝ

ܥܠ ܨܗܝܘܢ ܛܘܪܐ ܕܩܘܕܫܝ܀

7 III ܕܐܫܬܥܐ ܥܠ ܩܝܡܗ܀

ܡܪܝܐ ܐܡܪ ܠܝ ܕܒܪܝ ܐܢܬ

ܘܐܢܐ ܝܘܡܢܐ ܝܠܕܬܟ܀

8 ܫܐܠ ܡܢܝ ܘܐܬܠ ܥܡܡܐ ܒܝܪܬܘܬܟ

ܘܐܘܚܕܢܟ ܒܥܒܪܝ ܐܪܥܐ܀

9 ܬܪܥܐ ܐܢܘܢ ܒܫܒܛܐ ܕܦܪܙܠܐ

ܘܐܝܟ ܡܐܢܝ ܦܚܪܐ ܬܦܪܟ ܐܢܘܢ܀

10 IV ܘܗܫܐ ܡܠܟܐ ܐܣܬܟܠܘ

ܘܐܬܪܕܘ ܕܝܢܐ ܕܐܪܥܐ

11 ܦܠܘܚܘ ܠܡܪܝܐ ܒܕܚܠܬܐ ܘܐܬܦܨܚܘ ܠܗ

ܒܪܬܝܬܐ܀ 12 ܢܫܩܘ ܒܪܐ

ܕܠܐ ܢܪܓܙ ܘܬܐܒܕܘܢ ܡܢ ܐܘܪܚܗ

ܡܛܠ ܕܟܕ ܩܠܝܠ ܢܦܩ ܪܘܓܙܗ

ܘܛܘܒܝܗܘܢ ܠܟܠ ܕܬܟܝܠܝܢ ܥܠܘܗܝ܀

Ps. 16.

1 I ܛܪܘܢܝ ܐܠܗܐ ܡܛܠ ܕܥܠܝܟ ܐܬܬܟܠܬ܀

2 ܐܡܪܬ ܠܡܪܝܐ: ܕܡܪܝ ܐܢܬ

ܘܛܒܬܝ ܡܢ ܠܘܬܟ ܗܝ

3 ܘܐܦ ܠܩܕܝܫܐ ܕܒܐܪܥܐ

ܘܡܫܒܚܐ ܕܟܠ ܨܒܝܢܝ ܒܗܘܢ܀

4 ܣܓܝܘ ܟܘܪܗܢܝܗܘܢ

ܐܚܪܢܐ ܟܗܠܐ
ܕܠܐ ܐܢܣܘܟ ܢܣܟܝܗܘܢ ܡܢ ܕܡܐ
ܘܠܐ ܐܥܗܕ ܫܡܗܝܗܘܢ ܒܣܦܘܬܝ.
5 ܡܪܝܐ ܡܢܬܐ ܕܝܪܬܘܬܝ ܘܟܣܝ
ܐܢܬ ܗܘ ܡܩܝܡ ܠܝ ܝܪܬܘܬܝ.
6 ܚܒܠܐ ܢܦܠܘ ܠܝ ܒܢܥܝܡܐ
ܘܐܦ ܝܪܬܘܬܝ ܫܦܝܪܐ ܠܝ.

II
7 ܐܒܪܟ ܠܡܪܝܐ ܕܡܠܟܢܝ
ܘܐܦ ܒܠܠܘܬܐ ܪܕܝܢ ܟܘܠܝܬܝ.
8 ܩܕܡܬ ܠܡܪܝܐ ܠܘܩܒܠܝ ܒܟܠܙܒܢ
ܘܗܘܐ ܡܢ ܝܡܝܢܝ ܕܠܐ ܐܙܘܥ.
9 ܡܛܠܗܢܐ ܚܕܝ ܠܒܝ ܘܪܘܙ ܐܝܩܪܝ
ܘܐܦ ܒܣܪܝ ܢܫܪܐ ܒܣܒܪܐ
10 ܡܛܠܗܢܐ ܕܠܐ ܫܒܩܬ ܢܦܫܝ ܒܫܝܘܠ
ܘܠܐ ܝܗܒܬ ܠܚܣܝܕܟ ܕܢܚܙܐ ܚܒܠܐ.
11 ܐܘܕܥܬܢܝ ܐܘܪܚܟ ܕܚܝܐ
ܘܐܣܒܥܬܢܝ ܡܢ ܚܕܘܬܐ ܕܦܪܨܘܦܟ
ܘܡܢ ܒܣܝܡܘܬܐ ܕܝܡܝܢܟ.

Ps. 22.

A
I
2 ܐܠܗܝ ܐܠܗܝ ܠܡܢܐ ܫܒܩܬܢܝ
ܘܐܪܚܩܬ ܡܢܝ ܦܘܪܩܢܝ ܒܡܠܐ ܕܣܟܠܘܬܝ.
3 ܐܠܗܝ ܐܩܪܐ ܒܐܝܡܡܐ ܘܠܐ ܥܢܝܬܢܝ
ܘܒܠܠܝܐ ܘܠܐ ܫܠܝܬ ܠܝ.
4 ܐܢܬ ܩܕܝܫ ܘܝܬܒ
ܒܫܘܒܚܗ ܕܐܝܣܪܝܠ.
5 ܒܟ ܣܒܪܘ ܐܒܗܬܢ
ܣܒܪܘ ܒܟ ܘܦܨܝܬ ܐܢܘܢ.

6 ܠܘܬܟ ܩܥܘ ܘܐܬܦܨܝܘ
ܒܟ ܣܟܝܘ ܘܠܐ ܒܗܬܘ.

7 ܐܢܐ ܕܝܢ ܬܘܠܥܐ ܐܢܐ ܘܠܐ ܒܪܢܫܐ
ܚܣܕܐ ܕܒܢܝܢܫܐ ܘܫܝܛܘܬܐ ܕܥܡܡܐ.
8 ܟܠ ܕܚܙܐܘܢܝ ܡܡܝܩܝܢ ܒܝ
ܐܦܬܚܘ ܒܣܦܘܬܗܘܢ ܘܐܢܝܕܘ ܪܫܝܗܘܢ.
9 ܐܬܬܟܠ ܥܠ ܡܪܝܐ ܢܦܨܝܘܗܝ
ܘܢܫܘܙܒܝܘܗܝ ܐܢ ܨܒܐ ܒܗ.
10 ܡܛܠ ܕܐܢܬ ܐܦܩܬܢܝ ܡܢ ܡܪܒܥܐ
ܘܣܒܪܝ ܡܢ ܬܕܝ ܐܡܝ.
11 ܥܠܝܟ ܐܫܬܕܪܬ ܡܢ ܡܪܒܥܐ
ܘܡܢ ܟܪܣܗ ܕܐܡܝ ܐܠܗܝ ܐܢܬ.
12 ܠܐ ܬܪܚܩ ܡܢܝ: ܡܛܠ ܕܐܘܠܨܢܐ
ܩܪܝܒ ܘܠܝܬ ܕܡܥܕܪ.

II 13 ܐܬܟܪܟܘܢܝ ܬܘܪܐ ܣܓܝܐܐ
ܘܥܓܠܐ ܕܡܬܢܢ ܚܕܪܘܢܝ.
14 ܦܬܚܘ ܥܠܝ ܦܘܡܗܘܢ
ܐܝܟ ܐܪܝܐ ܕܛܪܦ ܘܢܗܡ.
15 ܘܐܝܟ ܡܝܐ ܐܬܐܫܕܬ
ܘܐܬܦܪܕܘ ܟܠܗܘܢ ܓܪܡܝ
ܘܗܘܐ ܠܒܝ ܐܝܟ ܫܥܘܐ
ܘܐܬܡܣܝ ܒܓܘ ܡܥܝ.
16 ܘܝܒܫ ܐܝܟ ܚܨܦܐ ܕܦܚܪܐ ܚܝܠܝ
ܘܠܫܢܝ ܕܒܩ ܒܦܘܟܝ
ܘܠܥܦܪܐ ܕܡܘܬܐ ܐܚܬܢܝ.

17 ܡܛܠ ܕܚܕܪܘܢܝ ܟܠܒܐ
ܘܟܢܘܫܬܐ ܕܒܝܫܐ ܐܚܕܘܢܝ.

ܒܙܥܘ ܐܝܕ̈ܝ ܘܪ̈ܓܠܝ
18 ܘܐܫܬܥܝܘ ܟܠܗܘܢ ܓܪ̈ܡܝ.
ܗܢܘܢ ܚܪܘ ܘܚܙܘ ܒܝ
19 ܘܦܠܓܘ ܢܚ̈ܬܝ ܒܝܢܬܗܘܢ
ܘܥܠ ܠܒܘܫܝ ܐܪܡܝܘ ܦܣ̈ܐ.
20 ܘܐܢܬ ܡܪܝ ܠܐ ܬܪܚܩ ܥܘܕܪܢܝ
ܐܠܐ ܠܥܘܕܪܢܝ ܨܠܝ:
21 ܘܦܨܝܗ̇ ܡܢ ܚܪܒܐ ܠܢܦܫܝ
ܘܡܢ ܐܝܕܐ ܕܟܠܒܐ ܝܚܝܕܝܘܬܝ.
22 ܦܪܘܩܝܢܝ ܡܢ ܦܘܡܗ ܕܐܪܝܐ
ܘܡܢ ܩܪܢܐ ܕܪ̈ܡܐ ܡܘܟܟܘܬܝ.

23 B I ܐܫܬܥܐ ܫܡܟ ܠܐܚ̈ܝ
ܘܒܓܘ ܥܕܬܐ ܐܫܒܚܟ
24 ܕܚ̈ܠܘܗܝ ܕܡܪܝܐ ܫܒܚܘܗܝ
ܘܟܠܗ ܙܪܥܗ ܕܝܥܩܘܒ ܐܝܩܪܘܗܝ
ܘܢܕܚܠܘܢ ܡܢܗ ܟܠܗ ܙܪܥܗ ܕܐܝܣܪܝܠ:
25 ܡܛܠ ܕܠܐ ܫܛ ܘܠܐ ܐܫܝܛ ܒܥܘܬܗ ܕܡܣܟܢܐ
ܘܠܐ ܐܗܦܟ ܐܦܘܗܝ ܡܢܗ
ܟܕ ܒܥܐ ܠܘܬܗ ܫܡܥܗ.
26 ܡܢ ܠܘܬܟ ܬܫܒܘܚܬܝ ܒܥܕܬܐ ܪܒܬܐ
ܢܕܪܝ ܐܫܠܡ ܩܕܡ ܕܚ̈ܠܘܗܝ.
27 ܢܐܟܠܘܢ ܡܣܟܢ̈ܐ ܘܢܣܒܥܘܢ
ܘܢܫܒܚܘܢ ܠܡܪܝܐ ܐܝܠܝܢ ܕܒܥܝܢ ܠܗ.
(ܘ)ܢܚܐ ܠܒܗܘܢ ܠܥܠܡܝܢ.

28 II ܢܬܕܟܪܘܢ ܘܢܬܦܢܘܢ ܠܘܬ ܡܪܝܐ
ܟܠܗܘܢ ܣܘܦ̈ܝܗ ܕܐܪܥܐ
ܘܢܣܓܕܘܢ ܩܕܡܘܗܝ
ܟܠܗܘܢ ܫܪ̈ܒܬܐ ܕܥܡ̈ܡܐ:

29 ܡܛܠ ܕܡܪܝܐ ܗܝ ܡܠܟܘܬܐ
ܘܗܘܝܘ ܫܠܝܛ ܥܠ ܥܡܡܐ.
30 ܢܐܟܠܘܢ ܘܢܣܓܕܘܢ ܩܕܡ ܡܪܝܐ ܟܠܗܘܢ ܦܛܝܡܝ ܐܪܥܐ
ܘܩܕܡܘܗܝ ܢܒܪܟܘܢ ܟܠ ܢܚܬܝ ܥܦܪܐ.

III
ܢܦܫܗ ܠܗ ܗܘ ܚܝܐ.
31 ܙܪܥܐ ܕܢܫܡܫܘܢܝ
ܢܫܬܥܐ ܕܪܐ ܠܡܪܝܐ. 32 ܢܐܬܘܢ
ܘܢܚܘܘܢ ܙܕܝܩܘܬܗ ܠܥܡܐ ܕܡܬܝܠܕ
ܕܥܒܕ ܡܪܝܐ.

Ps. 110.

I ܐܡܪ ܡܪܝܐ ܠܡܪܝ
ܕܬܒ ܠܟ ܡܢ ܝܡܝܢܝ
ܥܕܡܐ ܕܐܣܝܡ ܒܥܠܕܒܒܝܟ
ܟܘܒܫܐ ܠܪܓܠܝܟ.
2 ܫܘܠܛܢܐ ܕܥܘܫܢܟ ܢܫܕܪ
ܡܪܝܐ ܡܢ ܨܗܝܘܢ
ܘܬܫܬܠܛ ܥܠ ܒܥܠܕܒܒܝܟ.
3 ܥܡܟ ܡܫܒܚܐ ܒܝܘܡܐ ܕܚܝܠܐ.
ܒܗܕܪܝ ܩܘܕܫܐ
ܡܢ ܡܪܒܥܐ ܡܢ ܩܕܡ ܠܟ
ܛܠܠܐ ܝܠܕܘܬܟ.

II
4 ܝܡܐ ܡܪܝܐ ܘܠܐ ܢܟܕܒ:
ܕܐܢܬ ܗܘ ܟܘܡܪܐ ܠܥܠܡ
ܒܕܡܘܬܗ ܕܡܠܟܝܙܕܩ.

ܡܪܝܐ ܥܠ ܝܡܝܢܟ III 5
ܡܚܐ ܒܝܘܡܐ ܕܪܘܓܙܗ ܡ̈ܠܟܐ.
ܢܕܘܢ ܒܥܡ̈ܡܐ ܘܢܣܓܐ ܡܦ̈ܠܬܐ 6
ܘܢܥܦܘܦ ܪܫܐ ܕܣܓܝ̈ܐܐ ܒܐܪܥܐ.
ܘܡܢ ܢܚܠܐ ܒܐܘܪܚܐ ܢܫܬܐ 7
ܡܛܠ ܗܢܐ ܢܬܪܝܡ ܪܫܗ.

Ex libro Genesis.

Cp. 1.

ܒܪܫܝܬ ܒܪܐ ܐܠܗܐ 1
ܝܬ ܫܡܝܐ ܘܝܬ ܐܪܥܐ
ܘܐܪܥܐ ܗܘܬ ܬܘܗ ܘܒܘܗ 2
ܘܚܫܘܟܐ ܥܠ ܐܦ̈ܝ ܬܗܘܡܐ:
ܘܪܘܚܗ ܕܐܠܗܐ
ܡܪܚܦܐ ܥܠ ܐܦ̈ܝ ܡ̈ܝܐ.

ܘܐܡܪ ܐܠܗܐ: 3
ܢܗܘܐ ܢܘܗܪܐ:
ܘܗܘܐ ܢܘܗܪܐ.
ܘܚܙܐ ܐܠܗܐ ܠܢܘܗܪܐ ܕܫܦܝܪ: 4
ܘܦܪܫ ܐܠܗܐ ܒܝܢ ܢܘܗܪܐ ܠܚܫܘܟܐ.
ܘܩܪܐ ܐܠܗܐ ܠܢܘܗܪܐ ܐܝܡܡܐ 5
ܘܠܚܫܘܟܐ ܩܪܐ ܠܠܝܐ:
ܘܗܘܐ ܪܡܫܐ ܘܗܘܐ ܨܦܪܐ ܝܘܡܐ ܚܕ ܀
ܘܐܡܪ ܐܠܗܐ: 6
ܢܗܘܐ ܪܩܝܥܐ ܒܡܨܥܬ ܡ̈ܝܐ
ܘܢܗܘܐ ܦܪܫ ܒܝܢ ܡ̈ܝܐ ܠܡ̈ܝܐ.
ܘܥܒܕ ܐܠܗܐ ܪܩܝܥܐ 7

ܘܦܪܫ ܒܝܬ ܡܝܐ ܕܠܬܚܬ ܡܢ ܪܩܝܥܐ:
ܘܒܝܬ ܡܝܐ ܕܠܥܠ ܡܢ ܪܩܝܥܐ:
ܘܗܘܐ ܗܟܢܐ.
8 ܘܩܪܐ ܐܠܗܐ ܠܪܩܝܥܐ ܫܡܝܐ:
ܘܗܘܐ ܪܡܫܐ ܘܗܘܐ ܨܦܪܐ ܝܘܡܐ ܕܬܪܝܢ ܀
9 ܘܐܡܪ ܐܠܗܐ:
ܢܬܟܢܫܘܢ ܡܝܐ ܡܢ ܬܚܝܬ ܫܡܝܐ
ܠܐܬܪܐ ܚܕ ܘܬܬܚܙܐ ܝܒܝܫܬܐ:
ܘܗܘܐ ܗܟܢܐ.
10 ܘܩܪܐ ܐܠܗܐ ܠܝܒܝܫܬܐ ܐܪܥܐ:
ܘܠܟܢܘܫܝܐ ܕܡܝܐ ܩܪܐ ܝܡܡܐ:
ܘܚܙܐ ܐܠܗܐ ܕܫܦܝܪ.
11 ܘܐܡܪ ܐܠܗܐ:
ܬܦܩ ܐܪܥܐ ܬܕܐܐ ܥܣܒܐ
ܕܡܙܕܪܥ ܙܪܥܗ ܠܓܢܣܗ:
ܘܐܝܠܢܐ ܕܦܐܪܐ ܕܥܒܕ ܦܐܪܐ ܠܓܢܣܗ:
ܕܢܨܒܬܗ ܒܗ ܥܠ ܐܪܥܐ:
ܘܗܘܐ ܗܟܢܐ.
12 ܘܐܦܩܬ ܐܪܥܐ ܬܕܐܐ ܥܣܒܐ
ܕܡܙܕܪܥ ܙܪܥܗ ܠܓܢܣܗ:
ܘܐܝܠܢܐ ܕܥܒܕ ܦܐܪܐ
ܕܢܨܒܬܗ ܒܗ ܠܓܢܣܗ:
ܘܚܙܐ ܐܠܗܐ ܕܫܦܝܪ.
13 ܘܗܘܐ ܪܡܫܐ ܘܗܘܐ ܨܦܪܐ ܝܘܡܐ ܕܬܠܬܐ ܀
14 ܘܐܡܪ ܐܠܗܐ:
ܢܗܘܘܢ ܢܗܝܪܐ ܒܪܩܝܥܐ ܕܫܡܝܐ
ܠܡܦܪܫ ܒܝܬ ܐܝܡܡܐ ܠܠܠܝܐ:
ܘܢܗܘܘܢ ܠܐܬܘܬܐ ܘܠܙܒܢܐ
ܘܠܝܘܡܬܐ ܘܠܫܢܝܐ.
15 ܘܢܗܘܘܢ ܡܢܗܪܝܢ ܒܪܩܝܥܐ ܕܫܡܝܐ:

ܠܡܢܗܪܘ ܥܠ ܐܪܥܐ:
ܘܗܘܐ ܗܟܢܐ.
16 ܘܥܒܕ ܐܠܗܐ ܬܪܝܢ ܢܗܝܪܐ ܪܘܪܒܐ:
ܢܗܝܪܐ ܪܒܐ ܠܫܘܠܛܢܗ ܕܐܝܡܡܐ:
ܘܢܗܝܪܐ ܙܥܘܪܐ ܠܫܘܠܛܢܗ ܕܠܠܝܐ:
ܘܟܘܟܒܐ.
17 ܘܝܗܒ ܐܢܘܢ ܐܠܗܐ ܒܪܩܝܥܐ ܕܫܡܝܐ:
ܠܡܢܗܪܘ ܥܠ ܐܪܥܐ:
18 ܘܠܡܫܠܛܘ ܒܐܝܡܡܐ ܘܒܠܠܝܐ:
ܘܠܡܦܪܫܘ ܒܝܢ ܢܘܗܪܐ ܠܚܫܘܟܐ:
ܘܚܙܐ ܐܠܗܐ ܕܫܦܝܪ.
19 ܘܗܘܐ ܪܡܫܐ ܘܗܘܐ ܨܦܪܐ ܝܘܡܐ ܕܐܪܒܥܐ.
20 ܘܐܡܪ ܐܠܗܐ:
ܢܪܚܫܘܢ ܡܝܐ ܪܚܫܐ ܕܢܦܫܐ ܚܝܬܐ:
ܘܦܪܚܬܐ ܬܦܪܚ ܥܠ ܐܪܥܐ:
ܥܠ ܐܦܝ ܪܩܝܥܐ ܕܫܡܝܐ.
21 ܘܒܪܐ ܐܠܗܐ ܬܢܝܢܐ ܪܘܪܒܐ:
ܘܟܠ ܢܦܫܐ ܚܝܬܐ ܕܪܚܫܐ
ܕܐܪܚܫܘ ܡܝܐ ܠܓܢܣܗܘܢ:
ܘܟܠ ܦܪܚܬܐ ܕܓܦܐ ܠܓܢܣܗ:
ܘܚܙܐ ܐܠܗܐ ܕܫܦܝܪ.
22 ܘܒܪܟ ܐܢܘܢ ܐܠܗܐ ܘܐܡܪ ܠܗܘܢ:
ܦܪܘ ܘܣܓܘ ܘܡܠܘ ܡܝܐ ܕܒܝܡܡܐ:
ܘܦܪܚܬܐ ܬܣܓܐ ܒܐܪܥܐ.
23 ܘܗܘܐ ܪܡܫܐ ܘܗܘܐ ܨܦܪܐ ܝܘܡܐ ܕܚܡܫܐ.
24 ܘܐܡܪ ܐܠܗܐ:
ܬܦܩ ܐܪܥܐ ܢܦܫܐ ܚܝܬܐ ܠܓܢܣܗ:
ܒܥܝܪܐ ܘܪܚܫܐ ܘܚܝܘܬܐ ܕܐܪܥܐ ܠܓܢܣܗ:
ܘܗܘܐ ܗܟܢܐ.
25 ܘܥܒܕ ܐܠܗܐ ܚܝܘܬܐ ܕܐܪܥܐ ܠܓܢܣܗ:

ܘܒܥܝܪܐ ܠܓܢܣܗ:
ܘܟܠܗ ܪܚܫܐ ܕܐܪܥܐ ܠܓܢܣܗ:
ܘܚܙܐ ܐܠܗܐ ܕܫܦܝܪ.
26 ܘܐܡܪ ܐܠܗܐ
ܢܥܒܕ ܐܢܫܐ ܒܨܠܡܢ ܐܝܟ ܕܡܘܬܢ:
ܘܢܫܠܛܘܢ ܒܢܘܢܝ ܝܡܐ ܘܒܦܪܚܬܐ ܕܫܡܝܐ
ܘܒܒܥܝܪܐ ܘܒܟܠܗ ܐܪܥܐ
ܘܒܟܠܗ ܪܚܫܐ ܕܪܚܫ ܥܠ ܐܪܥܐ.
27 ܘܒܪܐ ܐܠܗܐ ܠܐܕܡ ܒܨܠܡܗ:
ܒܨܠܡ ܐܠܗܐ ܒܪܝܗܝ:
ܕܟܪ ܘܢܩܒܐ ܒܪܐ ܐܢܘܢ.
28 ܘܒܪܟ ܐܢܘܢ ܐܠܗܐ:
ܘܐܡܪ ܠܗܘܢ ܐܠܗܐ:
ܦܘܫܘ ܘܣܓܘ ܘܡܠܘ ܐܪܥܐ ܘܟܘܒܫܘܗ:
ܘܫܠܘܛܘ ܒܢܘܢܝ ܝܡܐ ܘܒܦܪܚܬܐ ܕܫܡܝܐ:
ܘܒܒܥܝܪܐ ܘܒܟܠܗ ܚܝܘܬܐ ܕܪܚܫܐ ܥܠ ܐܪܥܐ.
29 ܘܐܡܪ ܐܠܗܐ:
ܗܐ ܝܗܒܬ ܠܟܘܢ
ܟܠܗ ܥܣܒܐ ܕܙܪܥܐ ܕܡܙܕܪܥ
ܥܠ ܐܦܝ ܟܠܗ ܐܪܥܐ:
ܘܟܠ ܐܝܠܢ
ܕܐܝܬ ܒܗ ܦܐܪܐ ܐܝܠܢܐ ܕܙܪܥܗ ܡܙܕܪܥ:
ܠܟܘܢ ܢܗܘܐ ܠܡܐܟܘܠܬܐ.
30 ܘܠܟܠܗ ܚܝܘܬܐ ܕܒܪܐ:
ܘܠܟܠܗ ܦܪܚܬܐ ܕܫܡܝܐ:
ܘܠܟܠ ܕܪܚܫ ܥܠ ܐܪܥܐ
ܕܐܝܬ ܒܗ ܢܦܫܐ ܚܝܬܐ:
ܟܠܗ ܝܘܪܩܐ ܕܥܣܒܐ ܠܡܐܟܘܠܬܐ:
ܘܗܘܐ ܗܟܢܐ.
31 ܘܚܙܐ ܐܠܗܐ ܟܠ ܕܥܒܕ:

ܘܗܐ ܛܒ ܛܒ:
ܘܗܘܐ ܪܡܫܐ ܘܗܘܐ ܨܦܪܐ ܝܘܡܐ ܕܫܬܐ ⁘

Cp. 2.

1 ܘܐܫܬܟܠܠܘ ܫܡܝܐ ܘܐܪܥܐ ܘܟܠܗ ܚܝܠܗܘܢ.
2 ܘܫܠܡ ܐܠܗܐ ܒܝܘܡܐ ܫܒܝܥܝܐ
ܥܒܕܘܗܝ ܕܥܒܕ.
ܘܐܬܬܢܝܚ ܒܝܘܡܐ ܫܒܝܥܝܐ.
ܡܢ ܟܠܗܘܢ ܥܒܕܘܗܝ ܕܥܒܕ.
3 ܘܒܪܟ ܐܠܗܐ ܠܝܘܡܐ ܫܒܝܥܝܐ
ܘܩܕܫܗ
ܡܛܠ ܕܒܗ ܐܬܬܢܝܚ ܡܢ ܟܠܗܘܢ ܥܒܕܘܗܝ
ܕܒܪܐ ܐܠܗܐ ܠܡܥܒܕ ⁘

Ex libro Isaiae prophetae.

Cp. 42, 1-7.

1 ܗܐ ܥܒܕܝ ܐܣܡܟܝܘܗܝ
ܓܒܝܝ ܕܨܒܬ ܢܦܫܝ.
ܝܗܒܬ ܪܘܚܝ ܥܠܘܗܝ
ܢܦܩ ܕܝܢܐ ܠܥܡܡܐ.
2 ܠܐ ܢܩܥܐ ܘܠܐ ܢܪܝܡ
ܘܠܐ ܢܫܡܥ ܩܠܗ ܒܫܘܩܐ.
3 ܩܢܝܐ ܪܥܝܥܐ ܠܐ ܢܬܒܪ
ܘܫܪܓܐ ܕܡܛܠܛܠ ܠܐ ܢܕܥܟ
ܒܩܘܫܬܐ ܢܦܩ ܕܝܢܐ.
4 ܠܐ ܢܕܥܟ ܘܠܐ ܢܬܛܠܛܠ

ܥܕܡܐ ܕܢܣܝܡ ܕܝܢܐ ܒܐܪܥܐ
ܘܒܢܡܘܣܗ ܓܙܪܬܐ ܢܣܟܪܢ.
5 ܗܟܢܐ ܐܡܪ ܡܪܝܐ ܐܠܗܐ
ܕܒܪܐ ܫܡܝܐ ܘܡܬܚ ܐܢܘܢ
ܘܩܒܥ ܐܪܥܐ ܘܥܠܠܐ ܕܒܗ
ܘܝܗܒ ܢܦܫܐ ܠܥܡܐ ܕܥܠܝܗ
ܘܪܘܚܐ ܠܕܡܗܠܟܝܢ ܒܗ.
6 ܐܢܐ ܡܪܝܐ ܩܪܝܬܟ + ܒܟܐܢܘܬܐ
ܘܐܚܕܬ ܒܐܝܕܟ +
ܘܐܢܛܪܟ + ܘܐܬܠܟ + ܩܝܡܐ ܠܥܡܐ
ܘܢܘܗܪܐ ܠܥܡܡܐ
7 ܕܬܦܬܚ ܥܝܢܐ ܕܥܘܝܪܐ
ܘܬܦܩ ܠܐܣܝܪܐ ܡܢ ܒܝܬ ܚܒܘܫܝܐ
ܘܡܢ ܒܝܬ ܐܣܝܪܐ ܕܝܬܒܝܢ ܒܚܫܘܟܐ.

Cp. 49, 1-6.

1 ܫܡܥܘ ܓܙܪܬܐ
ܘܨܘܬܘ ܥܡܡܐ ܡܢ ܪܚܘܩܐ
ܡܪܝܐ ܩܪܢܝ ܡܢ ܟܪܣܐ
ܘܡܢ ܡܥܘܗܝ ܕܐܡܝ ܕܟܪ ܫܡܝ.
2 ܘܣܡ ܦܘܡܝ ܐܝܟ ܣܝܦܐ ܚܪܝܦܐ
ܘܒܛܠܠܐ ܕܐܝܕܗ ܛܫܝܢܝ
ܘܥܒܕܢܝ ܐܝܟ ܓܐܪܐ ܓܒܝܐ
ܘܒܐܘܬܩܗ ܛܫܝܢܝ.

3 ܘܐܡܪ ܠܝ: ܥܒܕܝ ܐܢܬ
ܐܝܣܪܝܠ ܕܒܟ ܡܫܬܒܗܪ ܐܢܐ.
4 ܘܐܢܐ ܐܡܪܬ ܠܣܪܝܩܘ ܠܐܝܬ ܘܠܗܒܠܐ
ܘܗܐ ܟܠܗ ܚܝܠܝ ܠܡܣܪܝܩܘܬܐ.

ܦܘܪܥܢܝ ܕܝܠܝ ܩܕܡ ܡܪܝܐ
ܘܥܒܕܝ ܩܕܡ ܐܠܗܝ.
5 ܗܫܐ ܗܟܢܐ ܐܡܪ ܡܪܝܐ
ܕܓܒܠܢܝ ܡܢ ܟܪܣܐ ܕܐܗܘܐ ܠܗ ܥܒܕܐ
ܘܐܦܢܐ ܠܝܥܩܘܒ ܠܘܬܗ
ܘܐܝܣܪܝܠ ܐܟܢܫ
-ܐܫܬܒܚܬ ܩܕܡ ܡܪܝܐ
ܘܐܠܗܝ ܗܘܐ ܚܝܠܝ -
6 ܘܐܡܪ
ܪܒܐ ܗܝ ܕܬܗܘܐ ܠܝ ܥܒܕܐ
ܘܬܩܝܡ ܫܒܛܐ ܕܝܥܩܘܒ
ܘܬܦܢܐ ܠܒܘܙܪܗ ܕܐܝܣܪܝܠ.
ܝܗܒܬܟ ܠܢܘܗܪܐ ܠܥܡܡܐ
ܕܬܗܘܐ ܦܘܪܩܢ ܥܕܡܐ ܠܣܘܦܝܗ ܕܐܪܥܐ.

Cp. 50, 4-9.

4 ܡܪܝܐ ܐܠܗܐ ܝܗܒ ܠܝ
ܠܫܢܐ ܕܝܘܠܦܢܐ
ܕܐܕܥ ܘܐܡܪ ܒܥܕܢܐ ܡܠܬܐ.
ܐܩܕܡ ܒܨܦܪܐ
ܒܨܦܪܐ ܝܗܒ ܠܝ ܐܕܢܐ
ܠܡܫܡܥ ܝܠܘܦܐ.
5 ܡܪܝܐ ܐܠܗܐ ܦܬܚ ܠܝ ܐܕܢܐ
ܘܐܢܐ ܠܐ ܗܦܟܬ ܠܒܣܬܪ
ܐܘܠܐ ܡܠܬ ܣܪܒܢܐ.
6 ܓܘܫܡܝ ܝܗܒܬ ܠܡܚܘܬܐ
ܘܦܟܝ ܠܡܚܦܐ
ܘܐܦܝ ܠܐ ܐܗܦܟܬ
ܡܢ ܟܘܠܡܐ ܘܡܢ ܪܘܩܐ.

7 ܘܡܪܝܐ ܐܠܗܐ ܥܕܪܢܝ.
ܡܛܠ ܗܢܐ ܠܐ ܒܗܬܬ
ܡܛܠ ܗܢܐ ܣܡܬ ܐܦܝ ܐܝܟ ܫܘܥܐ
ܘܝܕܥܬ ܕܠܐ ܐܒܗܬ ܐܢܐ.
8 ܕܩܪܝܒ ܗܘ ܡܙܕܕܩܢܝ
ܡܢܘ ܕܕܐܢ ܥܡܝ:
ܢܩܘܡ ܐܟܚܕܐ.
ܘܡܢܘ ܒܥܠ ܕܝܢܝ:
ܢܬܩܪܒ ܠܘܬܝ.

9 ܗܐ ܡܪܝܐ ܐܠܗܐ ܡܥܕܪ ܠܝ:
ܡܢܘ ܡܚܝܒ ܠܝ.
ܗܐ ܟܠܗܘܢ ܐܝܟ ܠܒܘܫܐ ܢܒܠܘܢ.
ܘܣܣܐ ܢܐܟܘܠ ܐܢܘܢ.

Cp. 52, 13 - 53, 12.

13 ܗܐ ܡܣܬܟܠ ܥܒܕܝ
ܘܡܬܥܠܐ ܘܡܬܪܘܡ ܘܡܫܬܒܚ ܛܒ
14 ܐܝܟ ܕܬܡܗܘ ܥܠܘܗܝ ܣܓܝܐܐ:
ܗܟܢܐ ܡܣܚܦ ܚܙܘܗ ܡܢ ܒܪܢܫܐ
ܘܐܣܟܡܗ ܡܢ ܒܢܝܢܫܐ.
15 ܗܟܢܐ ܢܕܟܐ ܥܡܡܐ ܣܓܝܐܐ
ܘܥܠܘܗܝ ܢܐܚܕܘܢ ܡܠܟܐ ܦܘܡܗܘܢ
ܡܛܠ ܕܠܐ ܐܫܬܥܝ ܠܗܘܢ ܚܙܘ
ܘܕܠܐ ܫܡܥܘ ܐܣܬܟܠܘ.

1 ܡܢ ܗܝܡܢ ܠܫܡܥܢ
ܘܕܪܥܗ ܕܡܪܝܐ ܠܡܢ ܐܬܓܠܝ.
2 ܣܠܩ ܐܝܟ ܝܢܘܩܐ ܩܕܡܘܗܝ

ܘܐܝܟ ܥܩܪܐ ܡܢ ܐܪܥܐ ܨܗܝܐ.
ܠܝܬ ܗܘܐ ܠܗ ܚܙܘܐ
ܘܠܐ ܙܝܘܐ: ܘܚܙܝܢܝܗܝ
ܕܠܝܬ ܗܘܐ ܠܗ ܚܙܘܐ ܘܪܓܢܝܗܝ.
3 ܫܝܛܐ ܘܡܟܝܟܐ ܕܐܢܫܐ
ܓܒܪܐ ܗܘ ܕܟܐܒܐ ܘܝܕܥ ܚܫܐ.
ܐܗܦܟܢ ܐܦܝܢ ܡܢܗ
ܘܫܛܝܢܝܗܝ ܘܠܐ ܚܫܒܢܝܗܝ.

4 ܟܘܪܗܢܝܢ ܢܣܒ ܗܘ ܫܩܠ:
ܘܟܐܒܝܢ ܗܘ ܣܒܠ.
ܘܚܢܢ ܚܫܒܢܝܗܝ ܒܟܐܒܐ
ܘܡܚܝܐ ܕܐܠܗܐ ܘܡܡܟܟܐ.
5 ܘܗܘ ܡܬܩܛܠ ܡܛܠ ܚܛܗܝܢ
ܘܡܬܡܟܟ ܡܛܠ ܥܘܠܢ.
ܡܪܕܘܬܐ ܕܫܠܡܢ ܥܠܘܗܝ
ܘܒܚܒܘܪܗ ܢܬܐܣܐ.
6 ܟܠܢ ܐܝܟ ܥܢܐ ܛܥܝܢ
ܘܐܢܫ ܠܐܘܪܚܗ ܦܢܝܢ.
ܘܡܪܝܐ ܐܦܓܥ ܒܗ
ܚܛܗܐ ܕܟܠܢ.

7 ܩܪܒ ܘܐܬܡܟܟ
ܘܠܐ ܦܬܚ ܦܘܡܗ.
ܐܝܟ ܐܡܪܐ ܠܢܟܣܬܐ ܐܬܕܒܪ
ܘܐܝܟ ܢܩܝܐ ܩܕܡ ܓܙܘܙܐ ܫܬܝܩ ܗܘܐ
ܘܠܐ ܦܬܚ ܦܘܡܗ.
8 ܡܢ ܚܒܘܫܝܐ ܘܡܢ ܕܝܢܐ ܐܬܕܒܪ.
ܘܕܪܗ ܡܢܘ ܢܫܬܥܐ
ܡܛܠ ܕܐܬܦܣܩ ܡܢ ܐܪܥܐ ܕܚܝܐ

ܘܡܢ ܥܘܠܐ ܕܥܡܝ ܩܪܒ ܠܗ.

9 ܝܗܒ ܪ̈ܫܝܥܐ ܩܒܪܗ

ܘܥܬܝܪܐ ܒܡܘܬܗ

ܥܠ ܕܠܐ ܥܒܕ ܥܘܠܐ

ܘܠܝܬ ܢܟܠܐ ܒܦܘܡܗ.

10 ܘܡܪܝܐ ܨܒܐ ܕܢܡܟܟܝܘܗܝ ܘܢܚܫܝܘܗܝ.

ܐܢ ܬܬܠ ܚܛܗܐ ܒܢܦܫܗ

ܢܚܙܐ ܙܪܥܐ ܘܢܘܪܟ ܝܘܡܬܐ.

ܘܨܒܝܢܗ ܕܡܪܝܐ ܒܐܝܕܗ ܢܨܠܚ.

11 ܘܡܢ ܥܡܠܐ ܕܢܦܫܗ ܢܚܙܐ

ܘܢܣܒܥ ܒܝܕܥܬܗ

ܘܙܕܝܩܐ ܠܙܕܝܩܐ. ܥܒܕܐ ܗܘ ܕܡܫܡܫܢܐ

ܘܚܛܗ̈ܝܗܘܢ ܗܘ ܢܣܒܠ.

12 ܡܛܠܗܢܐ ܐܦܠܓܝܘܗܝ ܒܣܓܝܐܐ

ܘܠܥܫܝܢܐ ܢܦܠܓ ܒܙܬܐ

ܚܠܦ ܕܐܫܠܡ ܢܦܫܗ ܠܡܘܬܐ

ܘܥܡ ܥܘܠܐ ܐܬܡܢܝ.

ܘܗܘ ܚܛܗܐ ܕܣܓܝܐܐ ܢܣܒܠ

ܘܥܠ ܥܘܠܐ ܦܓܥ.

Lucas 1, 26-38. 39-45. 46-56.

26 ܒܝܪܚܐ ܕܝܢ ܕܫܬܐ ܐܫܬܕܪ ܓܒܪܝܐܝܠ
ܡܠܐܟܐ ܡܢ ܠܘܬ ܐܠܗܐ ܠܓܠܝܠܐ: ܠܡܕܝܢܬܐ
ܕܫܡܗ ܢܨܪܬ: 27 ܠܘܬ ܒܬܘܠܬܐ ܕܡܟܝܪܐ
ܠܓܒܪܐ ܕܫܡܗ ܝܘܣܦ: ܡܢ ܒܝܬܗ
ܕܕܘܝܕ: ܘܫܡܗ ܕܒܬܘܠܬܐ ܡܪܝܡ. 28 ܘܥܠ
ܠܘܬܗ ܡܠܐܟܐ ܘܐܡܪ ܠܗ: ܫܠܡ ܠܟܝ
ܡܠܝܬ ܛܝܒܘܬܐ ܡܪܢ ܥܡܟܝ ܒܪܝܟܬ ܒܢܫܐ.
29 ܗܝ ܕܝܢ ܟܕ ܚܙܬ: ܐܬܕܠܚܬ ܒܡܠܬܗ.
ܘܡܬܚܫܒܐ ܗܘܬ: ܕܡܢܐ ܗܝ ܫܠܡܐ ܗܕܐ.
30 ܘܐܡܪ ܠܗ ܡܠܐܟܐ: ܠܐ ܬܕܚܠܝܢ ܡܪܝܡ.
ܐܫܟܚܬܝ ܓܝܪ ܛܝܒܘܬܐ ܠܘܬ ܐܠܗܐ.
31 ܗܐ ܓܝܪ ܡܩܒܠܐ ܐܢܬܝ ܒܛܢܐ ܘܝܠܕܐ
ܒܪܐ: ܘܩܪܝܐ ܫܡܗ ܝܫܘܥ. 32 ܗܢܐ ܢܗܘܐ
ܪܒ: ܘܒܪܗ ܕܥܠܝܐ ܢܬܩܪܐ: ܘܢܬܠ ܠܗ
ܡܪܝܐ ܐܠܗܐ ܟܘܪܣܝܐ ܕܕܘܝܕ ܐܒܘܗܝ: 33 ܘܢܡܠܟ
ܥܠ ܒܝܬܗ ܕܝܥܩܘܒ ܠܥܠܡ: ܘܠܡܠܟܘܬܗ
ܣܟܐ ܠܐ ܢܗܘܐ. 34 ܐܡܪܐ ܡܪܝܡ ܠܡܠܐܟܐ:
ܐܝܟܢܐ ܬܗܘܐ ܗܕܐ ܕܓܒܪܐ ܠܐ ܝܕܝܥ ܠܝ.
35 ܥܢܐ ܡܠܐܟܐ ܘܐܡܪ ܠܗ: ܪܘܚܐ
ܕܩܘܕܫܐ ܬܐܬܐ ܘܚܝܠܗ ܕܥܠܝܐ ܢܓܢ
ܥܠܝܟܝ. ܡܛܠ ܗܢܐ ܗܘ ܕܡܬܝܠܕ ܡܢܟܝ
ܩܕܝܫܐ ܗܘ: ܘܒܪܗ ܕܐܠܗܐ ܢܬܩܪܐ ∴

36 ܘܗܐ ܐܠܝܫܒܥ ܐܚܝܢܬܟܝ: ܐܦ ܗܝ ܒܛܢܐ
ܒܪܐ ܒܣܝܒܘܬܗ: ܘܗܢܐ ܝܪܚܐ ܫܬܝܬܝܐ ܠܗ ܠܗܝ
ܕܡܬܩܪܝܐ ܥܩܪܬܐ: 37 ܡܛܠ ܕܠܐ ܥܛܠܐ ܠܐܠܗܐ
ܡܕܡ. 38 ܐܡܪܐ ܡܪܝܡ. ܗܐ ܐܢܐ ܐܡܬܗ
ܕܡܪܝܐ: ܢܗܘܐ ܠܝ ܐܝܟ ܡܠܬܟ. ܘܐܙܠ ܡܠܐܟܐ
ܡܢ ܠܘܬܗ ܀

39 ܩܡܬ ܕܝܢ ܡܪܝܡ ܒܗܘܢ ܒܝܘܡܬܐ ܗܢܘܢ:
ܘܐܙܠܬ ܒܝܨܝܦܘܬܐ ܠܛܘܪܐ ܠܡܕܝܢܬܐ
ܕܝܗܘܕ. 40 ܘܥܠܬ ܠܒܝܬܗ ܕܙܟܪܝܐ ܘܫܐܠܬ
ܫܠܡܗ ܕܐܠܝܫܒܥ. 41 ܘܗܘܐ ܕܟܕ ܫܡܥܬ
ܐܠܝܫܒܥ ܫܠܡܗ ܕܡܪܝܡ: ܕܨ ܥܘܠܐ ܒܟܪܣܗ.
ܘܐܬܡܠܝܬ ܐܠܝܫܒܥ ܪܘܚܐ ܕܩܘܕܫܐ: 42 ܘܩܥܬ
ܒܩܠܐ ܪܡܐ ܘܐܡܪܐ ܠܡܪܝܡ: ܡܒܪܟܬܐ ܐܢܬܝ
ܒܢܫܐ: ܘܡܒܪܟ ܗܘ ܦܐܪܐ ܕܒܟܪܣܟܝ.
43 ܐܝܟܢܐ ܠܝ ܗܕܐ: ܕܐܡܗ ܕܡܪܝ ܬܐܬܐ ܠܘܬܝ.
44 ܗܐ ܓܝܪ ܟܕ ܢܦܠ ܩܠܐ ܕܫܠܡܟܝ ܒܐܕܢܝ:
ܒܚܕܘܬܐ ܪܒܐ ܕܨ ܥܘܠܐ ܒܟܪܣܝ. 45 ܘܛܘܒܝܗ̇
ܠܐܝܕܐ ܕܗܝܡܢܬ: ܕܗܘܐ ܫܘܡܠܝܐ ܠܐܝܠܝܢ
ܕܐܬܡܠܠ ܥܡܗ̇ ܡܢ ܠܘܬ ܡܪܝܐ ܀

46 ܘܐܡܪܐ ܡܪܝܡ: ܡܘܪܒܐ ܢܦܫܝ ܠܡܪܝܐ: 47 ܘܚܕܝܬ
ܪܘܚܝ ܒܐܠܗܐ ܡܚܝܢܝ: 48 ܕܚܪ ܒܡܘܟܟܐ
ܕܐܡܬܗ. ܗܐ ܓܝܪ ܡܢ ܗܫܐ ܛܘܒܢܐ ܢܐܡܪܢ ܠܝ

ܫܪ̈ܒܬܐ ܟܠܗܝܢ 49 ܕܥܒܕ ܠܘܬܝ ܪ̈ܘܪܒܬܐ
ܗܘ ܕܚܝܠܬܢ ܘܩܕܝܫ ܫܡܗ. 50 ܘܚܢܢܗ ܠܕܪ̈ܐ
ܘܫܪ̈ܒܬܐ ܥܠ ܐܝܠܝܢ ܕܕܚܠܝܢ ܠܗ. 51 ܥܒܕ ܙܟܘܬܐ
ܒܕܪܥܗ: ܘܒܕܪ ܚܬܝ̈ܪܐ ܒܬܪܥܝܬܐ ܕܠܒܗܘܢ.
52 ܣܚܦ ܥܫܝ̈ܢܐ ܡܢ ܟܘܪ̈ܣܘܬܐ: ܘܐܪܝܡ
ܡܟܝ̈ܟܐ. 53 ܟܦܢ̈ܐ ܣܒܥ ܛܒ̈ܬܐ: ܘܥܬܝܪ̈ܐ
ܫܪܐ ܣܦܩܐܝܬ. 54 ܥܕܪ ܠܐܝܣܪܝܠ ܥܒܕܗ:
ܘܐܬܕܟܪ ܚܢܢܗ. 55 ܐܝܟ ܕܡܠܠ ܥܡ ܐܒܗ̈ܝܢ:
ܥܡ ܐܒܪܗܡ ܘܥܡ ܙܪܥܗ ܠܥܠܡ ⁘
56 ܩܘܝܬ ܕܝܢ ܡܪܝܡ ܠܘܬ ܐܠܝܫܒܥ ܐܝܟ
ܝܪ̈ܚܐ ܬܠܬܐ: ܘܗܦܟܬ ܠܒܝܬܗ̇ ⁘

Lucas **24**, *13-43. 44-49. 50-51. 52.*

13 ܘܗܐ ܬܪܝܢ ܡܢܗܘܢ ܒܗ ܒܝܘܡܐ
ܐܙܠܝܢ ܗܘܘ ܠܩܪܝܬܐ: ܕܫܡܗ̇ ܐܡܐܘܣ:
ܘܪܚܝܩܐ ܡܢ ܐܘܪܫܠܡ ܐܣܛܕ̈ܘܬܐ ܫܬܝܢ.
14 ܘܗܢܘܢ ܡܡܠܠܝܢ ܗܘܘ ܚܕ ܥܡ ܚܕ:
ܥܠ ܗܠܝܢ ܟܠܗܝܢ ܕܓܕܫ. 15 ܘܟܕ ܗܢܘܢ
ܡܡܠܠܝܢ ܗܘܘ ܘܒܥܝܢ ܚܕ ܥܡ ܚܕ: ܐܬܐ ܗܘ
ܝܫܘܥ: ܘܡܛܐ ܐܢܘܢ ܘܡܗܠܟ ܗܘܐ
ܥܡܗܘܢ. 16 ܘܥܝ̈ܢܝܗܘܢ ܐܚܝܕܢ ܗܘ̈ܝ ܕܠܐ
ܢܫܬܘܕܥܘܢܝܗܝ. 17 ܘܐܡܪ ܠܗܘܢ: ܡܢܐ ܐܢܘܢ
ܡ̈ܠܐ ܗܠܝܢ ܕܡܡܠܠܝܢ ܐܢܬܘܢ ܚܕ ܥܡ ܚܕ:

ܟܕ ܡܗܠܟܝܢ ܐܢܬܘܢ: ܘܟܡܝܪܝܢ ܐܢܬܘܢ. 18 ܥܢܐ
ܚܕ ܡܢܗܘܢ ܕܫܡܗ ܩܠܝܘܦܐ ܘܐܡܪ ܠܗ:
ܐܢܬ ܗܘ ܚܕ ܒܠܚܘܕܝܟ ܬܘܬܒܐ ܡܢ ܐܘܪܫܠܡ.
ܘܠܐ ܝܕܥ ܐܢܬ ܡܕܡ ܕܗܘܐ ܒܗ ܒܗܠܝܢ ܝܘܡܬܐ.
19 ܐܡܪ ܠܗܘܢ: ܡܢܐ. ܐܡܪܝܢ ܠܗ. ܥܠ ܝܫܘܥ
ܗܘ ܕܡܢ ܢܨܪܬ ܓܒܪܐ ܕܗܘܐ ܢܒܝܐ ܘܚܝܠܬܢ
ܗܘܐ ܒܡܠܬܐ ܘܒܥܒܕܐ: ܩܕܡ ܐܠܗܐ ܘܩܕܡ
ܟܠܗ ܥܡܐ. 20 ܘܐܫܠܡܘܗܝ ܪܒܝ ܟܗܢܐ ܘܩܫܝܫܐ
ܠܕܝܢܐ ܕܡܘܬܐ ܘܙܩܦܘܗܝ. 21 ܚܢܢ ܕܝܢ ܡܣܟܝܢ
ܗܘܝܢ: ܕܗܘܝܘ ܥܬܝܕ ܗܘܐ ܕܢܦܪܘܩܝܘܗܝ
ܠܐܝܣܪܝܠ. ܘܗܐ ܬܠܬܐ ܝܘܡܝܢ ܗܐ ܡܢ
ܕܗܠܝܢ ܟܠܗܝܢ ܗܘܝ. 22 ܐܠܐ ܐܦ ܢܫܐ ܡܢܢ.
ܐܬܡܗܢܢ: ܕܗܘܝ ܓܝܪ ܠܘܬ ܩܒܪܐ ܡܩܕܡܐܝܬ:
23 ܘܟܕ ܠܐ ܐܫܟܚ ܦܓܪܗ: ܐܬܝ ܐܡܪܢ ܠܢ:
ܕܡܠܐܟܐ ܚܙܝܢ ܬܡܢ ܘܐܡܪܝܢ ܥܠܘܗܝ: ܕܚܝ ܗܘ.
24 ܘܐܦ ܐܢܫܐ ܡܢܢ ܐܙܠܘ ܠܘܬ ܩܒܪܐ:
ܘܐܫܟܚܘ ܐܝܟܢܐ ܕܐܡܪܝ ܢܫܐ: ܠܗ ܕܝܢ ܠܐ
ܚܙܘ. 25 ܗܝܕܝܢ ܐܡܪ ܠܗܘܢ ܝܫܘܥ. ܐܘ ܚܣܝܪܝ
ܪܥܝܢܐ ܘܝܩܝܪܝ ܠܒܐ ܠܡܗܝܡܢܘ ܒܟܠܗܝܢ
ܡܠܝܢ ܕܡܠܠܘ ܢܒܝܐ: 26 ܠܐ ܗܘܐ ܗܠܝܢ ܥܬܝܕ
ܗܘܐ ܕܢܚܫ ܡܫܝܚܐ: ܘܢܥܘܠ ܠܫܘܒܚܗ:
27 ܘܫܪܝ ܗܘܐ ܡܢ ܡܘܫܐ ܘܡܢ ܟܠܗܘܢ ܢܒܝܐ.
ܘܡܦܫܩ ܗܘܐ ܠܗܘܢ ܥܠ ܝܫܘܥ ܡܢ
ܟܠܗܘܢ ܟܬܒܐ. 28 ܘܩܪܒܘ ܗܘܘ ܠܩܪܝܬܐ ܗܝ

ܕܐܙܠܝܢ ܗܘܘ ܠܗ. ܘܗܘ ܡܚܘܐ ܗܘܐ ܠܗܘܢ:
ܕܐܝܟ ܕܠܕܘܟܬܐ ܪܚܝܩܬܐ ܐܙܠ ܗܘܐ. 29 ܘܐܠܨܘܗܝ
ܘܐܡܪܝܢ ܠܗ: ܦܘܫ ܠܘܬܢ ܡܛܠ ܕܪܡܫܐ ܗܘܐ
ܘܦܢܐ ܠܗ ܠܡܚܫܟ. ܘܥܠ ܕܢܦܘܫ ܠܘܬܗܘܢ.
30 ܘܗܘܐ ܕܟܕ ܐܣܬܡܟ ܥܡܗܘܢ: ܢܣܒ
ܠܚܡܐ ܘܒܪܟ ܘܩܨܐ ܘܝܗܒ ܠܗܘܢ. 31 ܘܡܚܕܐ
ܐܬܦܬܚ ܥܝܢܝܗܘܢ ܘܐܫܬܘܕܥܘܗܝ ܘܗܘ
ܐܫܬܩܠ ܠܗ ܡܢܗܘܢ. 32 ܘܐܡܪܝܢ ܗܘܘ ܚܕ ܠܚܕ:
ܠܐ ܗܘܐ ܠܒܢ ܝܩܝܕ ܗܘܐ ܒܓܘܢ: ܟܕ ܡܡܠܠ
ܥܡܢ ܒܐܘܪܚܐ: ܘܡܦܫܩ ܠܢ ܟܬܒܐ.
33 ܘܩܡܘ ܒܗ ܒܫܥܬܐ ܘܗܦܟܘ ܠܐܘܪܫܠܡ.
ܘܐܫܟܚܘ ܠܚܕܥܣܪ ܕܟܢܝܫܝܢ ܘܠܐܝܠܝܢ ܕܥܡܗܘܢ
34 ܟܕ ܐܡܪܝܢ: ܕܫܪܝܪܐܝܬ ܩܡ ܡܪܢ: ܘܐܬܚܙܝ
ܠܫܡܥܘܢ. 35 ܘܐܦ ܗܢܘܢ ܐܫܬܥܝܘ ܐܝܠܝܢ
ܕܗܘܝ ܒܐܘܪܚܐ: ܘܐܝܟܢܐ ܐܬܝܕܥ ܠܗܘܢ ܟܕ ܩܨܐ ܠܚܡܐ:
36 ܘܟܕ ܗܠܝܢ ܡܡܠܠܝܢ ܗܘܘ: ܝܫܘܥ ܩܡ
ܒܝܢܬܗܘܢ ܘܐܡܪ ܠܗܘܢ: ܫܠܡܐ ܥܡܟܘܢ:
ܐܢܐ ܐܢܐ ܠܐ ܬܕܚܠܘܢ. 37 ܘܗܢܘܢ ܐܬܪܗܒܘ.
ܘܗܘܘ ܒܕܚܠܬܐ: ܣܒܪܝܢ ܗܘܘ ܓܝܪ ܕܪܘܚܐ
ܚܙܝܢ. 38 ܘܐܡܪ ܠܗܘܢ ܝܫܘܥ: ܡܢܐ ܡܬܪܗܒܝܢ
ܐܢܬܘܢ ܘܡܢܐ ܗܠܝܢ ܡܚܫܒܬܐ ܥܠܠ
ܠܒܘܬܟܘܢ. 39 ܚܙܘ ܐܝܕܝ ܘܪܓܠܝ ܕܐܢܐ ܐܢܐ.
ܓܘܫܘܢܝ ܘܕܥܘ ܕܪܘܚܐ ܒܣܪܐ ܘܓܪܡܐ
ܠܝܬ ܠܗ ܐܝܟ ܕܚܙܝܢ ܐܢܬܘܢ ܕܐܝܬ ܠܝ.

40 ܘܟܕ ܗܠܝܢ ܐܡܪ ܚܘܝ ܐܢܘܢ ܐܝܕܘܗܝ ܘܪܓܠܘܗܝ.
41 ܘܟܕ ܥܕܟܝܠ ܠܐ ܡܗܝܡܢܝܢ ܗܘܘ ܡܢ
ܚܕܘܬܗܘܢ ܘܡܬܡܗܝܢ ܗܘܘ ܐܡܪ ܠܗܘܢ: ܐܝܬ
ܠܟܘܢ ܗܪܟܐ ܡܕܡ ܠܡܐܟܠ. 42 ܗܢܘܢ ܕܝܢ ܝܗܒܘ
ܠܗ ܡܢܬܐ ܡܢ ܢܘܢܐ ܛܘܝܐ ܘܡܢ ܟܘܪܬܐ
ܕܕܒܫܐ. 43 ܘܢܣܒ ܐܟܠ ܠܥܝܢܝܗܘܢ ⁘

44 ܘܐܡܪ ܠܗܘܢ ܗܠܝܢ ܐܢܘܢ ܡܠܐ ܕܡܠܠܬ
ܥܡܟܘܢ ܟܕ ܠܘܬܟܘܢ ܗܘܝܬ: ܕܘܠܐ ܗܘܐ ܕܢܫܬܠܡܘܢ
ܟܠ ܡܕܡ ܕܟܬܝܒ ܒܢܡܘܣܐ ܕܡܘܫܐ ܘܒܢܒܝܐ
ܘܒܡܙܡܘܪܐ ܥܠܝ. 45 ܗܝܕܝܢ ܦܬܚ ܪܥܝܢܗܘܢ
ܠܡܣܬܟܠܘ ܒܟܬܒܐ. 46 ܘܐܡܪ ܠܗܘܢ ܕܗܟܢܐ
ܟܬܝܒ ܘܗܟܢܐ ܘܠܐ ܗܘܐ ܕܢܚܫ ܡܫܝܚܐ ܘܢܩܘܡ
ܡܢ ܒܝܬ ܡܝܬܐ ܠܬܠܬܐ ܝܘܡܝܢ 47 ܘܢܬܟܪܙ
ܒܫܡܗ ܬܝܒܘܬܐ ܠܫܘܒܩܢܐ ܕܚܛܗܐ ܒܟܠܗܘܢ
ܥܡܡܐ ܘܫܘܪܝܐ ܢܗܘܐ ܡܢ ܐܘܪܫܠܡ. 48 ܘܐܢܬܘܢ
ܐܢܘܢ ܣܗܕܐ ܕܗܠܝܢ. 49 ܘܐܢܐ ܐܫܕܪ ܥܠܝܟܘܢ
ܫܘܠܕܢܐ ܕܐܒܝ. ܐܢܬܘܢ ܕܝܢ ܩܘܘ ܒܐܘܪܫܠܡ ܡܕܝܢܬܐ.
ܥܕܡܐ ܕܬܠܒܫܘܢ ܚܝܠܐ ܡܢ ܪܘܡܐ ⁘

50 ܘܐܦܩ ܐܢܘܢ ܥܕܡܐ ܠܒܝܬ ܥܢܝܐ. ܘܐܪܝܡ
ܐܝܕܘܗܝ. ܘܒܪܟ ܐܢܘܢ. 51 ܘܗܘܐ ܕܟܕ ܡܒܪܟ ܠܗܘܢ: ܐܬܦܪܫ
ܡܢܗܘܢ. ܘܣܠܩ ܠܫܡܝܐ ⁘
52 ܗܢܘܢ ܕܝܢ ܣܓܕܘ ܠܗ ܘܗܦܟܘ ܠܐܘܪܫܠܡ ܒܚܕܘܬܐ ܪܒܬܐ.

Iohannes 6.

1 ܒܬܪ ܗܠܝܢ ܐܙܠ ܝܫܘܥ ܠܥܒܪܐ ܕܝܡܐ
ܕܓܠܝܠܐ ܕܛܒܪܝܘܣ. 2 ܘܐܙܠܘ ܒܬܪܗ ܟܢܫܐ ܣܓܝܐܐ
ܡܛܠ ܕܚܙܝܢ ܗܘܘ ܐܬܘܬܐ ܕܥܒܕ ܒܟܪܝܗܐ.
3 ܘܣܠܩ ܝܫܘܥ ܠܛܘܪܐ ܘܬܡܢ ܝܬܒ ܗܘܐ ܥܡ
ܬܠܡܝܕܘܗܝ. 4 ܩܪܝܒ ܗܘܐ ܕܝܢ ܥܐܕܐ ܕܦܨܚܐ
ܕܝܗܘܕܝܐ. 5 ܘܐܪܝܡ ܥܝܢܘܗܝ ܝܫܘܥ ܘܚܙܐ
ܟܢܫܐ ܣܓܝܐܐ ܕܐܬܐ ܠܘܬܗ ܘܐܡܪ ܠܦܝܠܝܦܘܣ:
ܐܝܟܢܐ ܢܙܒܢ ܠܚܡܐ ܕܢܐܟܠܘܢ ܗܠܝܢ. 6 ܗܕܐ ܕܝܢ
ܐܡܪ ܕܢܢܣܝܘܗܝ ܠܗ. ܗܘ ܓܝܪ ܝܕܥ ܗܘܐ ܡܢܐ
ܥܬܝܕ ܠܡܥܒܕ. 7 ܐܡܪ ܠܗ ܦܝܠܝܦܘܣ:
ܕܡܐܬܝܢ ܕܝܢܪܝܢ ܠܚܡܐ ܠܐ ܣܦܩ ܠܗܘܢ ܟܕ
ܩܠܝܠܐ ܚܕ ܚܕ ܡܢܗܘܢ ܢܣܒ. 8 ܐܡܪ
ܠܗ ܚܕ ܡܢ ܬܠܡܝܕܘܗܝ ܐܢܕܪܐܘܣ ܐܚܘܗܝ
ܕܫܡܥܘܢ ܟܐܦܐ: 9 ܐܝܬ ܬܢܢ ܛܠܝܐ ܚܕ ܕܐܝܬ
ܠܘܬܗ ܚܡܫ ܓܪܝܨܢ ܕܣܥܪܐ ܘܬܪܝܢ ܢܘܢܝܢ
ܐܠܐ ܗܠܝܢ ܡܢܐ ܐܢܝܢ ܠܗܠܝܢ ܟܠܗܘܢ. 10 ܐܡܪ
ܠܗܘܢ ܝܫܘܥ: ܥܒܕܘ ܐܢܫܐ ܟܠܗܘܢ ܕܢܣܬܡܟܘܢ.
ܥܣܒܐ ܕܝܢ ܣܓܝ ܗܘܐ ܒܗ ܒܕܘܟܬܐ ܗܝ.
ܘܐܣܬܡܟܘ ܓܒܪܐ ܒܡܢܝܢܐ ܚܡܫܐ ܐܠܦܝܢ.
11 ܘܢܣܒ ܝܫܘܥ ܠܚܡܐ ܘܒܪܟ ܘܦܠܓ ܠܗܘܢ
ܠܕܣܡܝܟܝܢ. ܘܗܟܘܬ ܐܦ ܡܢ ܢܘܢܐ ܟܡܐ
ܕܨܒܝܘ. 12 ܘܟܕ ܣܒܥܘ ܐܡܪ ܠܬܠܡܝܕܘܗܝ:

ܟܢܫܘ ܡܢ̈ܬܐ ܕܝܬܪܘ ܕܠܐ ܢܐܒܕ ܡܕܡ.
13 ܘܟܢܫܘ ܘܡܠܘ ܬܪܬܥܣܪ ܩܘܦܝ̈ܢܝܢ ܡܢ̈ܬܐ
ܐܡܠܝܢ ܕܝܬܪܘ ܠܗܘܢ ܕܐܟܠܘ ܡܢ ܚܡܫܐ
ܠܚܡ̈ܝܢ ܕܣܥܪ̈ܐ. 14 ܗܢܘܢ ܕܝܢ ܐܢܫܐ ܕܚܙܘ
ܐܬܐ ܕܥܒܕ ܝܫܘܥ ܐܡܪܝܢ ܗܘܘ: ܫܪܝܪܐܝܬ ܗܢܘ
ܢܒܝܐ ܕܐܬܐ ܠܥܠܡܐ. 15 ܝܫܘܥ ܕܝܢ ܝܕܥ ܕܥܬܝܕܝܢ
ܕܢܐܬܘܢ ܢܚܛܦܘܢܝܗܝ ܘܢܥܒܕܘܢܝܗܝ ܡܠܟܐ
ܘܫܢܝ ܠܗ ܠܛܘܪܐ ܗܘ ܠܒܠܚܘܕܘܗܝ.
16 ܘܟܕ ܗܘܐ ܪܡܫܐ ܢܚܬܘ ܬܠܡܝ̈ܕܘܗܝ ܠܝܡܐ
17 ܘܝܬܒܘ ܒܣܦܝܢܬܐ ܘܐܬܝܢ ܗܘܘ ܠܥܒܪܐ
ܠܟܦܪܢܚܘܡ. ܘܚܫܟ ܗܘܐ ܠܗ ܘܠܐ ܐܬܐ
ܗܘܐ ܠܘܬܗܘܢ ܝܫܘܥ. 18 ܝܡܐ ܕܝܢ ܐܬܕܠܚ ܗܘܐ
ܥܠܝܗܘܢ ܡܛܠ ܕܪܘܚܐ ܪܒܬܐ ܢܫܒܐ ܗܘܬ.
19 ܘܕܒܪܘ ܐܝܟ ܐܣܛܕܘܬܐ ܥܣܪܝܢ ܘܚܡܫܐ.
ܐܘ ܬܠܬܝܢ. ܘܚܙܘ ܠܝܫܘܥ ܟܕ ܡܗܠܟ
ܥܠ ܝܡܐ. ܘܟܕ ܩܪܒ ܠܘܬ ܣܦܝܢܬܗܘܢ ܕܚܠܘ.
20 ܗܘ ܕܝܢ ܝܫܘܥ ܐܡܪ ܠܗܘܢ: ܐܢܐ ܐܢܐ ܠܐ
ܬܕܚܠܘܢ. 21 ܘܒܥܘ ܗܘܘ ܕܢܩܒܠܘܢܝܗܝ ܒܣܦܝܢܬܐ
ܘܡܢ ܫܥܬܐ ܣܦܝܢܬܐ ܗܝ ܗܘܬ ܠܘܬ ܐܪܥܐ
ܗܝ ܕܐܙܠܝܢ ܗܘܘ ܠܗ.
22 ܘܠܝܘܡܐ ܕܒܬܪܗ ܗܘ ܟܢܫܐ ܕܩܐܡ
ܗܘܐ ܠܥܒܪܐ ܕܝܡܐ ܚܙܘ ܕܣܦܝܢܬܐ ܐܚܪܬܐ
ܠܝܬ ܗܘܐ ܬܡܢ ܐܠܐ ܗܝ ܕܣܠܩܘ ܠܗ
ܬܠܡܝ̈ܕܐ ܘܕܠܐ ܥܠ ܗܘܐ ܥܡܗܘܢ ܝܫܘܥ

ܥܡ ܬܠܡܝܕܘܗܝ ܠܡܫܝܚܐ. 23 ܐܬܘ ܗܘܘ ܕܝܢ
ܐܠܦܐ ܐܚܪܢܝܬܐ ܡܢ ܛܒܪܝܐ ܥܠ ܠܝܕ
ܕܐܬܪܐ ܗܘ ܕܐܟܠܘ ܒܗ ܠܚܡܐ ܟܕ ܒܪܟ
ܝܫܘܥ. 24 ܘܟܕ ܚܙܐ ܗܘ ܟܢܫܐ ܕܠܐ ܗܘܐ ܬܡܢ
ܝܫܘܥ ܐܦܠܐ ܬܠܡܝܕܘܗܝ ܣܠܩܘ ܠܗܘܢ
ܐܠܦܐ ܘܐܬܘ ܠܟܦܪܢܚܘܡ ܘܒܥܝܢ ܗܘܘ ܠܗ
ܠܝܫܘܥ. 25 ܘܟܕ ܐܫܟܚܘܗܝ ܒܥܒܪܐ ܕܝܡܐ
ܐܡܪܝܢ ܠܗ: ܪܒܝ ܐܡܬܝ ܐܬܝܬ ܠܗܪܟܐ. 26 ܥܢܐ
ܝܫܘܥ ܘܐܡܪ ܠܗܘܢ: ܐܡܝܢ ܐܡܝܢ ܐܡܪ ܐܢܐ
ܠܟܘܢ ܕܒܥܝܢ ܐܢܬܘܢ ܠܝ ܠܐ ܗܘܐ ܡܛܠ
ܕܚܙܝܬܘܢ ܐܬܘܬܐ ܐܠܐ ܕܐܟܠܬܘܢ ܠܚܡܐ ܘܣܒܥܬܘܢ.
27 ܠܐ ܬܦܠܚܘܢ ܡܐܟܘܠܬܐ ܕܐܒܕܐ ܐܠܐ
ܡܐܟܘܠܬܐ ܕܩܝܡܐ ܠܚܝܐ ܕܠܥܠܡ
ܐܝܕܐ ܕܒܪܗ ܕܐܢܫܐ ܢܬܠ ܠܟܘܢ. ܠܗܢܐ ܓܝܪ
ܐܒܐ ܚܬܡ ܐܠܗܐ. 28 ܐܡܪܝܢ ܠܗ: ܡܢܐ ܢܥܒܕ
ܕܢܦܠܘܚ ܥܒܕܐ ܕܐܠܗܐ. 29 ܥܢܐ ܝܫܘܥ
ܘܐܡܪ ܠܗܘܢ: ܗܢܘ ܥܒܕܐ ܕܐܠܗܐ ܕܬܗܝܡܢܘܢ
ܒܡܢ ܕܗܘ ܫܕܪ. 30 ܐܡܪܝܢ ܠܗ: ܡܢܐ ܐܬܐ
ܥܒܕ ܐܢܬ ܕܢܚܙܐ ܘܢܗܝܡܢ ܒܟ. ܡܢܐ ܦܠܚ
ܐܢܬ. 31 ܐܒܗܬܢ ܡܢܐ ܐܟܠܘ ܒܡܕܒܪܐ
ܐܝܟܢܐ ܕܟܬܝܒ: ܕܠܚܡܐ ܡܢ ܫܡܝܐ ܝܗܒ
ܠܗܘܢ ܠܡܐܟܠ. 32 ܐܡܪ ܠܗܘܢ ܝܫܘܥ: ܐܡܝܢ
ܐܡܝܢ ܐܡܪ ܐܢܐ ܠܟܘܢ: ܕܠܐ ܗܘܐ ܡܘܫܐ ܝܗܒ
ܠܟܘܢ ܠܚܡܐ ܡܢ ܫܡܝܐ ܐܠܐ ܐܒܝ ܝܗܒ

ܠܟܘܢ ܠܚܡܐ ܕܩܘܫܬܐ ܡܢ ܫܡܝܐ. 33 ܠܚܡܗ
ܓܝܪ ܕܐܠܗܐ ܐܝܬܘܗܝ ܗܘ ܕܢܚܬ ܡܢ ܫܡܝܐ
ܘܝܗܒ ܚܝܐ ܠܥܠܡܐ. 34 ܐܡܪܝܢ ܠܗ: ܡܪܢ
ܒܟܠܙܒܢ ܗܒ ܠܢ ܠܚܡܐ ܗܢܐ. 35 ܐܡܪ
ܠܗܘܢ ܝܫܘܥ: ܐܢܐ ܐܢܐ ܠܚܡܐ ܕܚܝܐ. ܡܢ
ܕܐܬܐ ܠܘܬܝ ܠܐ ܢܟܦܢ ܘܡܢ ܕܡܗܝܡܢ ܒܝ
ܠܐ ܢܨܗܐ ܠܥܠܡ. 36 ܐܠܐ ܐܡܪܬ ܠܟܘܢ
ܕܚܙܝܬܘܢܢܝ ܘܠܐ ܡܗܝܡܢܝܢ ܐܢܬܘܢ. 37 ܟܠ ܕܝܗܒ
ܠܝ ܐܒܝ ܠܘܬܝ ܢܐܬܐ ܘܡܢ ܕܠܘܬܝ ܢܐܬܐ
ܠܐ ܐܦܩܗ ܠܒܪ: 38 ܕܢܚܬܬ ܡܢ ܫܡܝܐ ܠܐ ܗܘܐ ܕܐܥܒܕ
ܨܒܝܢܝ ܐܠܐ ܕܐܥܒܕ ܨܒܝܢܗ ܕܡܢ ܕܫܕܪܢܝ. 39 ܗܢܘ
ܕܝܢ ܨܒܝܢܗ ܕܡܢ ܕܫܕܪܢܝ ܕܟܠ ܕܝܗܒ ܠܝ ܠܐ ܐܘܒܕ
ܡܢܗ ܐܠܐ ܐܩܝܡܝܘܗܝ ܒܝܘܡܐ ܐܚܪܝܐ. 40 ܗܢܘ
ܓܝܪ ܨܒܝܢܗ ܕܐܒܝ ܕܟܠ ܕܚܙܐ ܠܒܪܐ ܘܡܗܝܡܢ
ܒܗ ܢܗܘܘܢ ܠܗ ܚܝܐ ܕܠܥܠܡ ܘܐܢܐ
ܐܩܝܡܝܘܗܝ ܒܝܘܡܐ ܐܚܪܝܐ. 41 ܡܪܛܢܝܢ ܕܝܢ
ܝܗܘܕܝܐ ܗܘܘ ܥܠܘܗܝ ܕܐܡܪ ܕܐܢܐ ܠܚܡܐ ܕܢܚܬܬ
ܡܢ ܫܡܝܐ. 42 ܘܐܡܪܝܢ ܗܘܘ: ܠܐ ܗܘܐ ܗܢܐ ܝܫܘܥ
ܒܪܗ ܕܝܘܣܦ ܗܘ ܕܚܢܢ ܝܕܥܝܢ ܠܐܒܘܗܝ
ܘܠܐܡܗ. ܘܐܝܟܢܐ ܐܡܪ ܗܢܐ ܕܡܢ ܫܡܝܐ ܢܚܬܬ.
43 ܥܢܐ ܝܫܘܥ ܘܐܡܪ ܠܗܘܢ: ܠܐ ܬܪܛܢܘܢ ܚܕ
ܥܡ ܚܕ. 44 ܠܐ ܐܢܫ ܡܫܟܚ ܕܢܐܬܐ ܠܘܬܝ ܐܠܐ
ܐܢ ܢܓܪܝܘܗܝ ܐܒܐ ܕܫܕܪܢܝ. ܘܐܢܐ ܐܩܝܡܝܘܗܝ ܒܝܘܡܐ
ܐܚܪܝܐ. 45 ܟܬܝܒ ܓܝܪ ܒܢܒܝܐ ܕܢܗܘܘܢ ܟܠܗܘܢ

ܡܠܦܝܢ ܕܐܠܗܐ. ܟܠ ܡܢ ܕܫܡܥ ܗܘܝܠ ܡܢ
ܐܒܐ ܘܝܠܦ ܡܢܗ ܐܬܐ ܠܘܬܝ. 46 ܠܐ ܗܘܐ
ܕܚܙܐ ܐܢܫ ܠܐܒܐ. ܐܠܐ ܡܢ ܕܡܢ ܐܠܗܐ ܐܝܬܘܗܝ
ܗܘ ܗܘ ܚܙܐ ܠܐܒܐ. 47 ܐܡܝܢ ܐܡܝܢ ܐܡܪ ܐܢܐ ܠܟܘܢ:
ܕܡܢ ܕܡܗܝܡܢ ܒܝ ܐܝܬ ܠܗ ܚܝܝܢ ܕܠܥܠܡ.
48 ܐܢܐ ܐܢܐ ܠܚܡܐ ܕܚܝܐ. 49 ܐܒܗܬܟܘܢ ܐܟܠܘ
ܡܢܐ ܒܡܕܒܪܐ ܘܡܝܬܘ. 50 ܗܢܘ ܕܝܢ ܠܚܡܐ
ܕܢܚܬ ܡܢ ܫܡܝܐ ܕܝܬܐܟܠ ܐܢܫ ܡܢܗ ܘܠܐ
ܝܡܘܬ. 51 ܐܢܐ ܐܢܐ ܠܚܡܐ ܚܝܐ ܕܡܢ ܫܡܝܐ
ܢܚܬ. ܘܐܢ ܐܢܫ ܝܐܟܠ ܡܢ ܗܢܐ ܠܚܡܐ
ܝܚܐ ܠܥܠܡ. ܘܠܚܡܐ ܐܡܐ ܕܐܢܐ ܐܬܠܠ ܦܓܪܝ
ܗܘ ܕܥܠ ܐܦܝ ܚܝܝܗܘܢ ܕܥܠܡܐ ܝܗܒ ܐܢܐ.
52 ܢܨܘ ܗܘܘ ܕܝܢ ܝܗܘܕܝܐ ܚܕ ܠܘܬ ܚܕ ܘܐܡܪܝܢ:
ܐܝܟܢܐ ܡܫܟܚ ܗܢܐ ܦܓܪܗ ܕܝܬܠ ܠܢ
ܠܡܐܟܠ. 53 ܘܐܡܪ ܠܗܘܢ ܝܫܘܥ: ܐܡܝܢ ܐܡܝܢ
ܐܡܪ ܐܢܐ ܠܟܘܢ: ܕܐܠܐ ܬܐܟܠܘܢ ܦܓܪܗ ܕܒܪܗ
ܕܐܢܫܐ ܘܬܫܬܘܢ ܕܡܗ ܠܝܬ ܠܟܘܢ ܚܝܝܢ
ܠܢܦܫܟܘܢ. 54 ܡܢ ܕܐܟܠ ܕܝܢ ܡܢ ܦܓܪܝ
ܘܫܬܐ ܡܢ ܕܡܝ ܐܝܬ ܠܗ ܚܝܝܢ ܕܠܥܠܡ
ܘܐܢܐ ܐܩܝܡܝܘܗܝ ܒܝܘܡܐ ܐܚܪܝܐ. 55 ܦܓܪܝ
ܓܝܪ ܫܪܝܪܐܝܬ ܐܝܬܘܗܝ ܡܐܟܘܠܬܐ ܘܕܡܝ
ܫܪܝܪܐܝܬ ܐܝܬܘܗܝ ܡܫܬܝܐ. 56 ܡܢ ܕܐܟܠ
ܦܓܪܝ ܘܫܬܐ ܕܡܝ ܒܝ ܡܩܘܐ ܘܐܢܐ ܒܗ.
57 ܐܝܟܢܐ ܕܫܕܪܢܝ ܐܒܐ ܚܝܐ ܘܐܢܐ ܚܝ ܐܢܐ ܡܛܠ

ܐܟܠ ܘܡܢ ܕܐܟܠ ܠܝ ܐܦ ܗܘ ܝܚܐ ܡܛܠܬܝ.
58 ܗܢܘ ܠܚܡܐ ܕܢܚܬ ܡܢ ܫܡܝܐ. ܠܐ
ܗܘܐ ܐܝܟ ܕܐܟܠܘ ܐܒܗܬܟܘܢ ܡܢܐ ܘܡܝܬܘ.
ܡܢ ܕܐܟܠ ܗܢܐ ܠܚܡܐ ܝܚܐ ܠܥܠܡ.
59 ܗܠܝܢ ܐܡܪ ܒܟܢܫܬܐ ܟܕ ܡܠܦ
ܒܟܦܪܢܚܘܡ. 60 ܘܣܓܝܐܝܢ ܕܫܡܥܘ
ܡܢ ܬܠܡܝܕܘܗܝ ܐܡܪܝܢ: ܩܫܝܐ ܗܝ
ܡܠܬܐ ܗܕܐ ܡܢ ܡܫܟܚ ܠܡܫܡܥܗ.
61 ܝܫܘܥ ܕܝܢ ܝܕܥ ܒܢܦܫܗ ܕܪܛܢܝܢ
ܥܠ ܗܕܐ ܬܠܡܝܕܘܗܝ ܘܐܡܪ ܠܗܘܢ: ܗܕܐ
ܡܟܫܠܐ ܠܟܘܢ. 62 ܐܢ ܬܚܙܘܢ ܗܟܝܠ ܠܒܪܗ
ܕܐܢܫܐ ܕܣܠܩ ܠܐܬܪ ܕܐܝܬܘܗܝ ܗܘܐ ܡܢ ܩܕܡ.
63 ܪܘܚܐ ܗܝ ܕܡܚܝܐ ܦܓܪܐ ܠܐ ܡܘܬܪ ܡܕܡ.
ܡܠܐ ܕܐܢܐ ܡܡܠܠ ܠܟܘܢ: ܪܘܚܐ ܐܢܝܢ
ܘܚܝܐ ܐܢܝܢ. 64 ܐܠܐ ܐܝܬ ܐܢܫܐ ܡܢܟܘܢ
ܕܠܐ ܡܗܝܡܢܝܢ. ܝܕܥ ܗܘܐ ܓܝܪ ܝܫܘܥ ܡܢ
ܩܕܡ ܡܢ ܐܢܘܢ ܐܝܠܝܢ ܕܠܐ ܡܗܝܡܢܝܢ
ܘܡܢܘ ܗܘ ܕܡܫܠܡ ܠܗ. 65 ܘܐܡܪ ܗܘܐ
ܠܗܘܢ: ܡܛܠ ܗܢܐ ܐܡܪܬ ܠܟܘܢ ܕܠܐ ܐܢܫ
ܡܫܟܚ ܕܢܐܬܐ ܠܘܬܝ ܐܠܐ ܝܗܝܒ ܠܗ
ܡܢ ܐܒܐ. 66 ܡܛܠ ܗܕܐ ܡܠܬܐ ܣܓܝܐܝܢ
ܡܢ ܬܠܡܝܕܘܗܝ ܐܙܠܘ ܠܒܣܬܪܗܘܢ ܘܠܐ
ܡܗܠܟܝܢ ܗܘܘ ܥܡܗ. 67 ܘܐܡܪ ܝܫܘܥ
ܠܬܪܥܣܪܬܗ: ܠܡܐ ܐܦ ܐܢܬܘܢ ܨܒܝܢ

ܐܢܬܘܢ ܠܡܐܙܠ. 68 ܥܢܐ ܫܡܥܘܢ ܟܐܦܐ
ܘܐܡܪ: ܡܪܢ ܠܘܬ ܡܢ ܢܐܙܠ. ܡܠܐ ܕܚܝܐ
ܕܠܥܠܡ ܐܝܬ ܠܟ. 69 ܘܚܢܢ ܗܝܡܢܢ ܘܝܕܥܢ
ܕܐܢܬ ܗܘ ܡܫܝܚܐ ܒܪܗ ܕܐܠܗܐ ܚܝܐ.
70 ܐܡܪ ܠܗܘܢ ܝܫܘܥ: ܠܐ ܗܘܐ ܐܢܐ ܓܒܝܬܟܘܢ
ܠܬܪܥܣܪ: ܘܡܢܟܘܢ ܚܕ ܣܛܢܐ ܗܘ. 71 ܐܡܪ
ܗܘܐ ܕܝܢ ܥܠ ܝܗܘܕܐ ܒܪ ܫܡܥܘܢ
ܣܟܪܝܘܛܐ. ܗܘ ܓܝܪ ܥܬܝܕ ܗܘܐ ܕܢܫܠܡܝܘܗܝ
ܚܕ ܡܢ ܬܪܥܣܪ.

Vita S. Ephraem Syri.

ܬܘܒ ܬܫܥܝܬܐ ܕܡܪܢܫܐ ܡܪܝ ܐܦܪܝܡ ܣܘܪܝܝܐ.

I ܗܢܘ ܕܝܢ ܡܪܢܫܐ ܡܪܝ ܐܦܪܝܡ ܐܝܬܘܗܝ ܗܘܐ ܒܢܨܝܒܝܢ ܣܘܪܝܝܐ. ܐܒܗܘܗܝ ܕܝܢ ܐܝܬܝܗܘܢ ܗܘܘ ܡܢ ܢܙܒܝܢ ܕܒܝܬ ܐܪܡܝܐ. ܒܙܒܢܐ ܗܘ ܠܐ ܫܟܝܚܐ ܗܘܬ ܟܪܣܛܝܢܘܬܐ. ܐܒܘܗܝ ܕܝܢ ܐܝܬܘܗܝ ܗܘܐ ܡܢ ܐܡܝܕ ܡܕܝܢܬܐ. ܘܐܡܗ ܗܘܬ ܐܒܘܗܝ ܟܘܡܪܐ ܗܘܐ ܕܦܬܟܪܐ ܚܕ ܕܡܬܩܪܐ ܗܘܐ ܐܒܝܢܠ: ܗܢܘ ܕܦܬܟܪܐ ܙܥܘܪܐ ܡܫܬܡܫ ܗܘܐ ܡܢ ܟܘܡܪܘܬܗ ܕܟܠܗ ܐܪܥܐ. ܒܢܘܗܝ ܕܝܢ ܕܟܠܗ ܐܪܥܐ ܡܫܬܡܫܝܢ ܗܘܘ ܥܡܗ ܐܬܝ ܐܦܪܝܡ ܡܪܢܫܐ ܡܪܝ ܐܦܪܝܡ ܠܐܒܗܘܗܝ: ܗܢܘ ܕܒܝܘܡܝ ܗܘܝ ܐܬܝܠܕ. ܟܕ ܕܝܢ ܐܬܝܠܕܘ ܐܒܗܘܗܝ ܡܢ ܓܘܫ ܐܬܐ ܐܝܟ ܐܘܪܚܐ ܕܢܦܩ ܠܗ ܠܥܠܡܐ ܒܠܒܘܫܐ ܘܐܬܡܠܟܘ: ܐܦ ܕܢܗܘܐ ܠܥܠܡܐ ܢܐܬܐ ܡܢ ܙܪܥܐ ܕܡܠܟܘܬܐ: ܘܟܕ ܗܘ ܙܥܘܪܐ ܗܘܐ: ܡܢ ܛܠܝܘܬܗ ܐܬܚܙܝ ܗܘܐ: ܕܠܐ ܢܬܚܠܛ ܒܡܥܒܕܐ ܫܦܝܪܐ ܘܒܚܘܫܒܐ ܘܡܢ ܕܠܒܪ ܘܐܒܗܘܗܝ.

II ܟܕ ܕܝܢ ܡܢ ܝܘܡܝ ܟܕ ܫܠܡܘ ܐܒܗܘܗܝ ܘܡܫܬܡܠܐ ܗܘܐ ܒܝܬ ܣܘܟܠܐ ܕܝܠܗ ܒܡܫܬܡܠܝܘܬܐ: ܘܫܪܝܐ ܗܘܐ ܠܡܥܒܕܘ ܒܠܒܘܫܗ ܘܠܚܘܒܗ ܕܠܐ ܚܫܚܐ. ܟܕ ܐܬܐ ܕܝܢ ܐܡܪ ܠܗ ܐܒܘܗܝ: ܕܡܫܟܚ ܐܢܐ ܠܟ ܐܢܐ ܘܡܫܡܪ ܐܢܐ ܕܟܕܢܐ ܠܐܠܗܐ ܡܫܬܡܫܝܢ ܕܢܬܟܠܘܢ ܠܗ. ܟܕ ܕܝܢ ܠܡܗܝܡܢܘܬܐ ܕܫܡܥܬ ܐܝܟ ܟܕ ܗܘ ܡܢ ܦܬܟܪܐ: ܗܢܐ ܕܝܢ ܒܪܐ ܗܘ ܛܠܝܐ ܕܡܫܬܡܠܐ ܟܕ ܐܡܪ ܠܗ ܠܐܒܘܗܝ: ܡܢ ܟܝܢܐ ܦܬܟܪܐ ܗܢܐ ܐܢܐ ܟܕ ܕܐܝܬܝ ܕܡܫܬܡܫܢܐ ܗܢܐ. ܘܦܬܟܪܐ ܕܡܢܗ ܠܐ ܫܡܥܬ ܐܢܐ ܠܡܫܬܡܠܝܘ: ܡܛܠ ܕܐܦܠܐ ܕܠܐ ܡܫܬܡܠܐ ܡܫܬܡܠܐ ܕܝܠܗܘܢ ܐܦܠܐ: ܗܢܘܢ ܐܦ ܠܐ ܟܕ ܡܫܬܡܠܐ ܕܝܠܗܘܢ ܟܕ ܟܘܡܪܐ ܘܢܫܬܡܠܐ. ܐܠܐ ܠܝ ܙܕܩ ܐܢܐ ܕܐܫܬܡܠܐ ܢܦܫܝ ܕܝܠܝ: ܠܬܪܘܢܝܗܘܢ ܐܙܠ ܡܢ ܩܕܡ ܘܬܪܘܕܘܢܝ ܡܢ ܡܫܬܡܠܝܘܬܐ. ܗܢܐ ܕܝܢ ܟܕ ܫܡܥ ܐܢܐ:

ܕܙܘܘܕܐ ܕܐܠܗܐ ܠܥܠܡ ܕܝܘܡܐ. ܘܟܕ ܟܬܒܢܐ ܢܦܩ ܐܦܪܝܡ ܘܐܡܪ ܠܗ: ܩܘܡ ܙܠ ܠܐܬܪܐ ܕܪܝܫ ܐܢܬ: ܘܒܟܬܒܐ ܠܐ ܬܬܟܣܐ ܒܬܪܥܐ ܒܒܝܬܟ: ܡܛܠ ܕܒܒܝܬܟܘܢ ܐܢܬ ܕܐܠܗܐ. ܘܒܝܘܡܐ ܚܕ ܡܢ ܟܬܒܐ ܢܒܝܘܬܐ ܦܬܚܐ: ܡܛܠ ܕܡܢ ܐܬܪܐ ܡܩܒܠܐ ܠܗ ܠܗܘܢ. ܘܢܦܩ ܘܦܢܐ ܡܢ ܩܕܡ ܐܦܪܝܡ: ܟܕ ܡܛܝܡ ܗܘ ܠܐ ܢܦܩ ܠܟܘܢ: ܡܛܠ ܕܠܐ ܢܦܠ ܗܘܐ ܠܐܬܪܐ ܕܐܪܡܝܐ:·

III ܘܡܬܟܬܫܐ ܐܠܗܝܐ ܡܟܪܟܐ ܗܘܬ ܠܗ ܘܐܬܟܪܟܬ ܠܡܕܝܢܬܐ ܕܩܣܪܝܐ ܕܟܦܐ ܕܩܕܡ ܘܩܕܡ ܡܪܢܐ ܡܪܝ ܒܣܝܠܝܘܣ ܐܦܝܣܩܘܦܐ ܕܒܗ ܘܡܕܝܢܬܐ ܢܗܝܪ ܗܘ ܒܐܠܦܢܐ ܒܪ ܟܢܫܐ ܐܠܗܝܐ ܘܐܬܟܢܫܘ ܠܗ ܕܟܬܒܐ ܕܚܟܡܬܐ. ܘܐܬܟܢܫ ܥܡܗ ܕܟܢܐ ܥܕܬܐ ܕܩܣܪܝܐ ܡܪܝ ܒܣܝܠܝܘܣ ܐܦ ܡܢ ܟܠܗ ܥܡܐ ܕܢܫܬܘܐ ܕܢܚܙܐ ܠܡܪܢܐ ܕܢܗܘܪܐ ܘܠܡܕܝܢܬܐ ܘܠܟܠܗ ܕܢܚܙܐ ܐܠܗܐ:· ܘܡܢ ܒܬܪ ܡܠܬܐ ܐܦܪܝܡ: ܟܕ ܐܬܩܛܠ ܗܘ ܕܡܠܐ ܠܗ ܘܚܝܠܐ ܠܗܝܢ ܘܡܠܐ ܒܝܘܡܬܗ ܠܟܠܗܘܢ ܠܟܠ: ܡܫܡܫܢܐ ܠܡܕܝܢܬܐ ܡܠܐ ܗܘܐ: ܡܩܕܫܢܘܬܐ ܡܠܟܐ ܐܦܝܐ ܠܐܦܝܣܩܘܦܐ ܠܗܘܢ ܐܢܫܐ ܟܕ ܗܘܐ ܠܡܫܝܚܐ ܡܪܢܐ. ܘܟܕ ܐܬܚܙܝ ܗܢܐ ܢܗܝܪܐ ܕܐܠܗܐ ܕܐܪܡܝܐ ܟܕ ܢܗܪܘܗܝ: ܕܟܬܒܗ ܠܗܘܟܠܐ ܡܢ ܐܦܪܝܡ ܘܐܬܒܪܟ ܒܟܬܒܗ ܠܟܘܢܫܗ ܡܪܝܡܐ. ܘܐܬܒܪܟ ܘܐܬܚܙܝ ܗܘ ܘܢܗܝܪܐ ܕܐܠܗܐ: ܐܝܟ ܕܡܬܚܙܐ ܠܟܠ ܐܦܝ ܗܘ ܦܢܝܬܐ ܕܡܪܝܐ: ܐܝܟ ܕܡܢ ܢܘܪܐ ܕܫܡܝܐ ܕܩܣܪܝܐ ܘܟܠܗ ܫܘܠܛܢܐ ܕܗܘܦܟܐ. ܘܡܢ ܒܬܪ ܕܐܬܚܙܝ ܘܐܬܒܪܟ ܗܘ ܘܐܬܐ ܕܢܚܙܝܘܗܝ ܘܩܪܐ ܡܫܡܫ ܒܪܝܫܐ ܐܝܟ ܕܢܗܘܐ ܗܘܐ: ܘܩܡ ܦܠܛܘܣ ܠܐܬܪܗ: ܐܦ ܗܘ ܡܪܝܐ ܡܪܝ ܒܣܝܠܝܘܣ ܐܝܟ ܕܢܗ ܢܗܝܪܐ ܐܦܝܐ ܟܕ ܚܙܐ ܡܪܟܒܬܗ ܦܢܐ. ܐܦ ܗܘ ܠܗ ܦܢܝܐ ܡܪܝ ܐܦܪܝܡ ܒܡܕܒܪܘܬܗ ܐܬܐ ܗܘܐ ܠܡܚܙܐ ܐܠܗܐ: ܘܒܟܢܝܫܐ ܕܟܠܗ ܡܪܢܐ ܐܡܪ ܗܘܐ: ܘܡܫܒܚ ܗܘܐ ܠܡܫܝܚܐ ܕܐܠܗܐ ܠܟܠܗ ܥܡܐ ܕܩܕܝܫ ܗܘܐ ܠܗ:· ܒܬܪ ܕܡܢ ܡܠܬܐ ܟܢ ܙܥܪ ܘܡܪܢܐ ܡܩܕܫܢܘܬܐ ܡܠܟܐ ܐܦܝܐ: ܘܡܠܟܗ ܒܢܝܗܘܢ ܕܢܦܫܬܐ ܡܢ ܒܬܪܗ. ܘܦܪܫ ܒܬܪ ܡܠܬܐ ܢܦܫܬܐ ܥܡܗ

ܡܟܬܒܢܐ: ܟܕ ܗܘ ܕܢܦܩ ܥܠ ܡܫܬܘܕܥܝܢ ܗܘܘ ܕܥܠܬܗܘܢ ܘܡܬܡܗܝܢ ܗܘܘ: ܐܦ ܥܠ ܪܥܝܢ ܫܪܝܪܐ ܡܗܝܡܢܐ ܘܒܟܬܒܐ ܘܒܥܠܬܐ ܕܠܐ ܡܬܦܫܩܢ. ܘܩܠܝܠ ܙܒܢ ܘܐܬܚܒܪܘ ܟܠܗ ܥܠ ܡܕܝܢܬܐ ܒܡܪܕܐ. ܘܟܕ ܗܘܐ ܒܚܕܐ ܒܫܒܝܐ ܡܚܝܢ: ܠܢܘܪܐ ܘܫܒܝܐ ܗܘܬ ܒܙܒܢ ܕܢܘܚܐ: ܗܘ ܕܥܠܠܐ ܘܩܠܝܠ ܠܡܚܪܒܗ ܠܡܕܝܢܬܐ: ܡܢ ܐܘܟܠܐ ܘܡܫܬܝܐ. ܘܟܕ ܚܙܐ ܫܒܘܪ ܡܠܟܐ: ܕܠܐ ܐܫܟܚ ܠܡܟܒܫ ܠܡܕܝܢܬܐ ܚܝܠܐ ܕܦܪܫܐ ܦܪܣܝܐ: ܐܡܪ ܠܗ ܠܦܠܚܘܗܝ: ܕܢܟܪܘܢ ܕܠܐ ܡܫܟܚܐ ܦܪܫ ܠܗ ܠܡܕܝܢܬܐ. ܗܢܐ ܝܥܩܘܒ ܕܝܢ ܐܦܝܣܩܘܦܐ ܘܡܠܦܢܐ ܗܢܐ ܐܦܪܝܡ ܥܡ ܥܕܬܐ ܕܟܠܗ ܒܢܝܐ ܠܐܠܗܐ ܡܬܟܫܦܝܢ ܗܘܘ ܟܠܗܘܢ ܝܘܡܬܐ ܕܡܪܕܐ. ܘܒܚܕܢܝܐ ܡܛܠ ܐܝܟ ܗܘ ܐܦܝܣܩܘܦܐ ܠܥܕܬܐ ܫܠܝܐ ܘܠܟܘܡܪܐ ܘܠܥܡܪܘܗ ܕܡܕܝܢܬܐ. ܘܟܠܗ ܗܘܬ ܠܫܒܘܪ ܘܐܩܝܡ ܠܚܝܠܘܗܝ ܥܪܘܩܐ ܘܠܡܫܪܝܬܗ. ܘܟܕ ܗܘܬ ܘܡܬܪܥܐ ܠܐܠܗܐ ܕܢܬܦܪܩ ܗܘܘ ܠܗ. ܘܗܘܐ ܡܢ ܗܘܬ: ܕܠܐ ܢܟܪ ܠܗ ܠܫܒܘܪ: ܐܠܐ ܠܗ ܒܬܘܟܠܢܐ ܐܠܗܝܐ ܠܡܕܝܢܬܐ ܟܠܗ ܡܬܢܛܪ ܗܘܬ. ܗܝܕܝܢ ܐܦܪܝܡ ܐܬܬܘܐ ܗܘܐ ܕܝܗܒ ܠܒܘܗܝ ܡܢ ܚܝܠܐ: ܠܐܠܗܐ ܡܪܝܐ ܕܢܦܩ ܠܡܦܩ ܕܢܦܫ ܠܗ ܕܢܦܫ ܠܫܒܘܪ ܘܢܚܙܐ ܠܚܪܒܐ ܘܢܦܫܐ ܠܟܠܗܘܢ ܦܪܫܐ ܕܦܠܚܘܬܐ. ܟܕ ܕܝܢ ܢܦܩܘܗ ܫܪܝܐ ܗܘܐ ܡܬܚܫܒ: ܟܕ ܐܬܟܠܐ ܗܘܬ ܥܠ ܬܫܥܝܬܐ ܗܢܐ ܕܒܗ ܗܘܬ ܠܗ: ܐܦܩܘ ܠܗ ܕܢܦܫ. ܘܫܡܥ ܠܟܠ ܡܢ ܦܘܪܥܢܐ ܕܫܒܘܪ: ܘܟܕ ܚܙܐ ܫܦܝܪܐ ܕܪܥܝܐ: ܐܠܐ ܢܒܝܗ ܠܟܠ ܐܠܗܐ ܘܨܠܐ ܩܕܡܘܗܝ: ܕܢܫܪܐ ܥܠܝܗܘܢ ܢܟܘܬܐ ܘܚܘܒܐ: ܐܝܟܢܐ ܕܡܢ ܢܟܝܬܐ ܗܘܝܢ ܠܦܘܪܥܢܐ ܢܚܘܬ ܠܡܪܕܘܬܐ ܒܗܘܢ: ܘܗܝܕܝܢ ܢܬܪܘܫܘܢ ܫܡܥܗ ܕܐܠܗܐ. ܢܦܩ ܕܝܢ ܥܡ ܪܚܡܘܗܝ ܕܫܒܘܪ ܠܟܠܗܝܢ ܕܢܟܘܬܐ ܘܚܘܒܐ. ܗܝܕܝܢ ܐܬܦܬܚܘ ܬܪܥܐ: ܘܢܛܪܐ ܗܘ ܕܡܬܒܥܝܢ ܚܙܘ ܗܘ ܘܚܒܠ ܠܗ ܡܕܒܪܐ: ܘܠܫܘܪܐ ܘܠܒܪܐ ܘܕܪܘܫܐ ܘܠܚܒܘܫܝܐ ܐܢܫܝܢ ܕܥܡܗ: ܗܟܢ ܕܟܕ ܠܐ ܐܫܟܚܘ ܠܡܣܒ ܠܡܕܝܢܬܐ ܢܦܩܘ ܕܡܫܡܫܝܢ ܒܪܫܐ ܗܘܐ: ܘܫܡܫܘ

ܦܓܪܝܗܘܢ ܕܥܒܪܘ ܒܪ ܦܓܪܗܘܢ ܘܒܚܠܟܘܗܝ ܠܡܬܒܥܗܘܢ ܘܥܩܒܘ ܠܡܫܪܝܬܐ ܘܕܪܣܘ ܠܦܓܪܬܗ. ܟܕ ܕܝܢ ܚܙܐ ܡܠܟܐ ܕܗܘ ܠܡܣܪܚܘ ܕܐܪܥܐ ܡܣܟܢܐ ܕܡܘܬܢܐ ܟܕ ܡܪܕܘܬܐ ܠܟܦܢܐ: ܐܬܟܠ ܥܠ ܐܠܗܐ: ܟܕ ܒܗܢܐ ܣܓܝ ܐܬܒܐ ܡܢܗ ܒܨܠܘܬܗ. ܘܗܘܝܐ ܟܕ ܕܟܪܬܗ ܕܗܢܐ ܛܘܒܢܐ ܡܪܝ ܐܦܪܝܡ ܗܘܐ ܦܘܪܩܢܐ ܠܡܕܝܢܬܐ ܗܝ: ܘܗܝܕܝܢ ܟܠܗ ܥܡܐ ܪܒܐ ܥܡ ܚܝܠܘܬܗ ܗܘ ܚܝܠܐ ܕܐܪܥܐ ܡܪܝ ܠܥܘܠ ܐܦܣܩܘܦܐ ܕܢܨܝܒܝܢ ܕܠܘܬ ܐܠܗܐ ܩܥܘ: ܟܕ ܡܫܡܫܝܢ ܠܟܠ ܦܘܪܩܢܝܢ ܕܢܨܚܢܐ. ܛܘܒܢܐ ܕܝܢ ܡܪܝ ܐܦܪܝܡ ܐܬܐ ܥܡ ܫܝܢܐ ܘܥܡܗ ܟܠ ܦܓܪܐ ܫܝܢܐ::

IV ܘܒܗ ܒܗܘ ܙܒܢܐ ܗܘܐ ܥܢܕ ܒܪܗ ܕܩܘܣܛܢܛܝܢܘܣ ܡܠܟܐ: ܕܐܬܝܕܥ ܗܘܐ ܒܬܘܕܝܬܗ ܕܡܠܟܐ ܙܟܝܐ. ܘܩܡ ܒܬܪܗ ܩܘܣܛܢܛܝܢܘܣ. ܘܒܝܘܡܘܗܝ ܒܝܘܡܬܗ ܐܬܓܠܝ ܝܘܠܝܢܘܣ ܗܘ ܪܫܝܥܐ: ܘܗܘܐ ܡܪܕܐ ܘܡܫܡܫܢܐ ܠܫܐܕܐ ܗܘ ܕܟܠܗܘܢ ܡܕܝܢܬܐ. ܘܟܕ ܡܝܬܗ ܕܩܘܣܛܢܛܝܢܘܣ ܐܬܓܠܝ ܗܘ ܪܫܝܥܐ. ܘܗܘܐ ܒܪ ܫܡܝܢܐ ܟܠܗ ܚܝܠܐ ܥܒܕ ܒܥܠܢܐ ܗܘ ܕܪܘܫܥܗ ܒܥܡܐ ܕܟܪܣܛܝܢܐ. ܘܗܘܝܐ ܢܬܠܘܗܝ ܠܐܠܗܐ ܕܫܪܝܪܐ ܘܣܓܝܐܐ ܡܫܡܫܢܝܗ ܐܝܟ ܕܥܒܕ ܗܘܐ ܠܐܠܗܐ ܕܚܝܠܘܬܗ ܒܝܘܡܘܗܝ. ܘܐܡܪ ܟܘܪܗ ܩܘܣܛܢܛܝܢܘܣ ܘܒܝܘܡܬܗ ܠܘܬܐ ܕܥܡܐ ܐܝܟ ܢܓܥܐ ܕܡܠܟܐ ܘܐܣܩܗ ܒܟܗܢܐ ܘܡܠܟܐ ܠܗ ܒܐܪܥܐ. ܘܥܒܕ ܠܟܠܗ ܥܡܐ ܕܢܦܩܘܢ ܡܢܗ: ܘܟܠ ܕܢܩܒܠܘܢ ܐܢܘܢ ܠܡܠܟܘܬܗ ܐܝܟ ܐܠܗܐ ܗܘ ܕܗܘܐ::

V ܗܝܕܝܢ ܗܘ ܛܘܒܢܐ ܐܦܪܝܡ ܩܡ ܘܐܬܚܡ ܠܟܠܗܘܢ ܕܥܡܐ ܘܟܠ ܕܪܘܫܥܐ ܕܗܘܐ ܒܝܘܡܬܗ. ܗܘܐ ܕܝܢ ܒܡܕܝܢܬܐ ܗܘ ܛܘܒܢܐ ܠܒܢܝ ܠܡܪܝܐ ܗܘ ܕܐܬܚܝܠ ܠܡܣܪܚܘ ܠܥܡܐ ܒܥܠܡܐ ܡܫܒܚܘܬܗ ܕܡܠܟܐ ܐܪܝܐ ܩܘܣܛܢܛܝܢܘܣ. ܗܝܕܝܢ ܢܦܩ ܥܡ ܐܒܐ ܕܐܬܐ ܠܡܕܝܢܬܐ ܕܡܨܥܬܐ ܥܠ ܟܠܗ ܥܡܐ. ܘܐܡܪ ܡܠܐ ܗܘܐ ܡܫܡܫܢܘܬܐ ܡܢ ܫܡܝܐ: ܟܕ ܐܬܐ ܥܠ ܥܡܐ ܐܦܣܩܘܦܐ: ܘܬܘܒ ܗܘܐ ܡܫܡܫܢܐ ܘܐܬܚܙܝ ܗܘܐ ܒܡܕܝܢܬܐ ܕܢܨܝܒܝܢ ܥܠ ܗܘ ܕܐܬܚܙܝ::

VI ܘܡܢ ܛܘܪܝ ܩܡ ܗܘܐ ܙܘܦܠܐ ܥܠ ܥܕܬܐ: ܘܥܒܪ ܡܢ ܬܡܢ ܠܡܐܕܝ ܡܕܝܢܬܐ ܘܬܡܢ ܗܘܐ ܥܡܠܐ ܕܚܦܪܐ. ܘܡܢ ܕܥܒܪܬ ܡܕܝܢܬܐ ܗܝ ܐܬܐ ܠܦܪܣܝ ܕܢܣܒ ܢܨܚܢ. ܘܟܕ ܚܙܐ ܗܘ ܡܢ ܡܬܦܠܠ ܗܦܘܟ ܠܟܘܟܒܘܗܝ. ܘܩܡ ܒܨܠܘܬܗ ܕܐܝܬܘܗܝ ܠܗ ܠܘܬ ܡܬܡܢܐ ܠܡܥܕܪܘ ܒܥܘܬܐ ܕܒܢܝ ܥܡܗ܀

VII ܘܟܕ ܐܬܐ ܕܢܦܠ ܒܡܕܝܢܬܐ: ܡܠܟܐ ܟܦܘܪܐ ܐܝܠܐ ܕܡܠܟܘܬܐ ܕܪܘܡܝ: ܐܝܠܐ ܕܢܚܬ ܒܗ ܒܡܕܝܢܬܐ. ܘܐܪܥ ܚܙܐ ܢܦܠ ܕܡܬܚܒܠܐ ܩܛܠܐ. ܘܩܡ ܥܠ ܫܘܪܗ ܕܚܙܘܐ ܗܘܐ ܢܛܪ ܒܗܘܢ. ܐܝܟܢܐ ܕܝܢ ܚܙܐ ܡܠܟܐ ܠܟܠ ܚܝܠܘܗܝ ܒܩܛܠܗ ܘܡܫܪܝܬܗ ܡܠܟܘܬܐ ܒܗ ܠܫܘܪܐ ܡܬܚܒܠܐ. ܗܘ ܕܝܢ ܐܠܗܝܐ ܚܕܐ ܟܕ ܐܡܪ: ܐܝܟܢܐ ܠܐ ܚܘܝܬ ܐܝܬܝ. ܗܝ ܕܝܢ ܚܕܐ ܘܐܡܪܐ ܠܗ: ܕܟܪ ܐܠܗܐ ܕܐܝܬܘܗܝ ܒܐܪܥܐ ܡܠܟܐ ܕܡܠܟܐ ܐܠܗܐ: ܕܟܠܗ ܗܘ ܕܝܢ ܕܐܝܬܘܗܝ ܠܗ: ܡܠܟܐ ܕܡܠܟܐ ܗܘ ܕܢܩܘܡ ܐܢܐ. ܗܘ ܕܝܢ ܠܐܝܕܗ ܒܡܚܝܬܐ ܕܒܨܠ ܒܫܡܝܐ ܕܐܠܗܐ ܘܐܙܠ ܡܢ ܠܘܬܗ. ܘܐܡܪ ܗܘܐ ܒܨܠܘܬܗ: ܕܐ ܢܦܘܩ ܕܡܕܝܢܬܐ ܗܘܝ ܢܦܩܝܢ: ܠܡܚܪܒܘ ܐܘܦ ܒܢܝܗ ܚܝܠܐ ܕܡܠܟܐ܀

VIII ܘܐܬܐ ܘܩܡ ܒܡܕܝܢܬܐ ܘܩܡ ܒܨܠܘܬܗ ܕܢܦܠܘܢ ܥܠ ܦܪܣܝܐ ܘܢܐܟܠ ܒܟܠܗ: ܡܠܟܐ ܕܐܘܚܕܢܗ ܠܐ ܢܗܘܐ ܗܘܐ. ܘܐܙܠ ܠܗ ܒܢܝܢܐ ܚܕ ܘܟܕ ܒܗ. ܘܗܘ ܕܝܢ ܐܬܘܢ ܗܦܟܘ ܢܦܩܘ ܗܘܐ: ܘܩܛܠܐ ܗܘܐ ܘܡܙܥ ܗܘܐ ܒܗܘܢ ܡܢ ܦܬܟܐ: ܟܠ ܐܝܠܝܢ ܕܗܘܐ ܗܘܐ ܒܗ ܡܫܡܫܐ܀

IX ܒܬܪ ܕܝܢ ܡܢ ܝܘܡܝܢ ܩܠܝܠ ܒܗ ܒܡܥܒܪܐ ܕܢܦܠ ܚܕ ܡܢ ܣܒܐ ܘܫܐܠܗ ܘܐܡܪ ܠܗ: ܡܢ ܐܝܟܐ ܐܬܝܬ ܐܚܝ. ܘܐܚܝܢ ܡܢܫܡܗܘܢ ܦܬܟܐ ܫܘܒܚܐ. ܘܟܕ ܐܡܪ ܠܗ ܕܢܦܠ ܗܘ: ܐܝܟܢܐ ܐܬܝܬ ܒܫܡܫܝܢܐ ܘܟܕ ܢܦܠ ܡܠܟܘܬܐ ܐܝܟ: ܙܢܐ ܐܝܟ ܕܒܟܢܫܐ ܗܘܝܬ. ܐܡܪ ܠܗ ܡܪܝ ܐܦܪܝܡ: ܠܐ ܡܪܝ. ܐܡܪ ܠܗ ܗܘ ܕܢܦܠ: ܡܪܝ ܐܢܫ ܦܠܚ ܐܢܐ ܠܗ: ܕܐܙܠ ܠܘܬ ܚܕ ܡܢ ܐܚܣܢܝܐ ܕܐܘܪܚܐ ܘܗܘܝܬ ܐܝܟ ܒܟܢܫܐ ܘܗܘ ܐܬܐ ܠܘܬ ܚܬܢܐ ܕܢܦܩ. ܘܟܕ ܗܘܐ ܥܕܡܐ ܠܡܐܬܐ ܘܢܦܩ

ܠܒܪ ܡܢ ܡܕܝܢܬܐ ܠܘܬ ܛܘܪܐ ܕܥܠ ܓܢܒܝ ܐܘܪܗܝ ܠܡܥܡܪܘܬܗ: ܕܡܫܬܢܝܐ ܕܝܪܐ ܒܥܕܢܐ ܗܘܘ ܒܗ. ܘܟܕ ܥܡܪ ܗܘܐ ܬܡܢ ܗܘ ܡܪܝܡܐ ܡܪܝ ܐܦܪܝܡ ܒܪܘܚܐ ܡܬܝܚܐ ܘܒܪܚܡܬܐ ܐܠܗܝܬܐ: ܟܕ ܐܠܗܝܬ ܒܟܬܒܐ ܩܕܝܫܐ ܡܬܗܓܐ ܗܘܐ:· ܡܫܬܡܥܐ ܕܝܢ ܠܟܠܗܘܢ ܕܡܪܝܡܐ ܡܪܝ ܐܦܪܝܡ ܐܬܚܒܪܬܐ. ܕܟܕ ܗܘ ܛܠܝܐ ܪܚܡܐ: ܕܝܪܐ ܢܚܡܐ ܐܘܟܠ ܥܪܘܐ ܐܟܡܐ ܕܐܢܫ ܠܐܢܫܝ ܗܘܐ ܫܒܩ ܒܝܬܐ ܢܫܐ ܕܒܗ. ܕܟܠ ܡܟܡܬܐ ܒܟܦܢܘܗܝ ܡܣܪܒ ܘܡܟܐ ܡܢܗ ܦܓܪܗ ܐܝܟ ܠܫܠܡ. ܘܐܬܚܙܝ ܡܬܚܙܝܢܐ ܒܩܕܡ ܚܝܐ: ܘܐܬܐ ܗܘܐ ܟܕ ܦܪܝܫܐ ܕܫܡܝܐ ܘܐܬܐ ܗܘܐ ܘܡܬܕܪܟ ܡܫܝܚܐ ܗܘܐ ܡܫܝܚܐ ܟܠܗ:·

X ܟܕ ܕܝܢ ܡܢ ܢܘܩܦܢ ܒܟܬܒ. ܙܒܢܐ ܢܦܩ ܗܘ ܛܘܒܢܐ ܘܐܙܠ ܠܘܬ ܡܫܡܫܐ ܡܪܝ ܐܦܪܝܡ ܠܒܪ ܕܢܦܩ ܗܘܐ ܘܐܫܟܚܗ ܕܝܬܒ ܘܟܬܒ ܦܘܫܩܐ ܕܣܦܪܐ ܩܕܝܫܐ ܕܡܘܫܐ. ܘܐܬܕܡܪ ܥܠ ܕܘܒܪܗ ܕܝܠܦܐ: ܘܐܡܪ ܡܘܗܒܬܐ ܕܚܟܡܬܐ ܘܡܫܘܚܬܐ ܐܬܝܗܒܬ ܠܗ ܡܢ ܐܠܗܐ. ܟܕ ܕܝܢ ܫܐܠܗ ܠܣܦܪܐ ܩܕܝܫܐ ܘܦܢܐ ܠܣܦܪܐ ܕܐܬܪܐ ܗܠܝܢ ܫܩܠܗ ܗܘ ܛܘܒܢܐ ܠܘܬܗ ܠܟܠܗ ܘܐܝܬܝܗ ܠܡܕܝܢܬܐ ܘܐܥܠܗ ܠܐܦܝܣܩܘܦܐ ܕܐܝܟ ܗܘܐ ܒܡܕܝܢܬܐ: ܘܚܘܝܗ ܠܣܦܪܐ ܘܠܟܬܒܘܬܐ ܘܠܡܪܝܡܐ ܕܡܕܝܢܬܐ. ܘܟܕ ܩܪܐܘܗܝ ܠܗܘܢ ܘܐܫܟܚܘ ܠܗܘܢ ܕܛܘܒܢܐ ܐܝܟ ܕܒܟܬܒܐ ܗܘ ܘܐܬܕܡܪܘ ܟܠܗܘܢ ܐܚܕܐ. ܗܘ ܕܝܢ ܟܕ ܫܡܥ ܕܢܐ ܦܓܥ ܗܘܐ: ܕܒܗ ܐܬܐ ܐܝܟ ܡܬܩܢܘܗܝ ܐܠܐ ܐܦܪܝܡ ܕܥܒܕܐ. ܡܩܕܫܐ ܕܝܢ ܗܘ ܕܐܡܪ: ܕܠܐ ܡܪܝܐ ܕܐܬܚܙܝ ܡܕܝܢܬܐ ܕܥܠ ܛܘܪܐ ܟܝܢܐ: ܐܝܟܢ ܗܘܐ ܠܟܠܗܘܢ ܕܡܬܥܕܪܝܢ ܕܡܕܝܢܬܐ ܘܡܫܟܚܘ ܠܡܪܗ ܠܒܪ ܕܒܟܪ ܗܘܐ. ܘܟܕ ܐܦܪܝܡ ܠܗܘܢ: ܒܪܗ ܡܫܝܚܐ ܘܐܬܚܢܢ ܡܢ ܡܪܝܐ ܒܪܝܫܗܘܢ:·

XI ܘܟܕ ܢܦܩ ܠܚܝܠܐ ܚܕ: ܐܬܐ ܒܗ ܫܠܝܚܗ ܕܛܒܝܬ ܘܐܡܪ ܠܗ: ܐܦܪܝܡ ܠܐܦܝ ܒܪܗ ܐܢܬ. ܗܘ ܕܝܢ ܐܡܪ: ܡܪܝ ܕܐܬܐ ܠܡܫܝܚܐ ܘܐܚܪܢ ܡܢ ܡܫܡܫܢܘܬܗ ܕܫܠܡܐ. ܐܡܪ ܠܗ ܫܠܝܚܐ: ܚܙܝ ܠܐ ܬܬܟܠ ܠܒܟ ܗܘܝ ܕܐܬܚܙܐ: ܕܐܦܪܝܡ ܒܪܗ

ܩܠܝܠ ܐܝܟ ܕܠܡܥܠܬܐ ܕܡܕܝܢܬܐ ܒܬܪܥܗ ܡܢ ܫܢܝܐ. ܗܘ ܕܝܢ ܛܒ ܟܠ ܐܡܪ: ܡܪܝ ܡܫܝܚܐ ܐܝܬܝ ܘܠܐ ܥܘܕ ܐܢܐ. ܐܡܪ ܠܗ ܗܘ ܡܠܐܟܐ: ܠܡܢܐ ܠܐ ܐܢܬ ܡܕܒܪ ܥܢܝܢܐ ܘܫܐܠܗ ܠܗ ܐܝܟܢܐ ܡܬܕܒܪܐ: ܐܠܐ ܒܟܠ ܡܠܬܐ ܕܟܬܒ ܢܒܝܐ ܬܘܕܝܗ. ܘܟܕ ܡܫܬܐܠܐ ܒܟܠ ܟܪܘܙܘ: ܕܢܦܩ ܠܐ ܡܬܟܢܫܐ ܗܘܬ ܡܢ ܡܕܝܢܬܗ.

ܘܒܫܘܠܡܗܘܢ ܠܡܘܬܢܐ ܡܪܝ ܐܦܪܝܡ ܘܐܦܩܗܘܢ ܠܒܪ ܡܢ ܡܕܝܢܬܐ ܘܫܕܪܗܘܢ ܒܒܬܝܗܘܢ ܘܫܠܡܗܘܢ ܟܕ ܡܫܠܡ ܩܕܡ ܠܗ ܢܦܫܗ. ܘܟܕ ܗܘܐ ܙܒܢܐ ܩܠܝܠ ܘܫܢܝ ܠܡܬܘܬܐ ܘܫܟܒ ܢܦܫܗ ܐܝܟ ܕܐܬܚܘܝ ܗܘܐ ܡܢ ܩܕܝܡ ܀

XII ܒܗ ܕܝܢ ܒܙܒܢܐ ܗܘ ܟܕ ܡܠܟ ܝܘܠܝܢܘܣ ܗܦܟܐ ܘܐܬܦܢܝ ܠܦܓܪܘܬܐ ܕܦܬܟܪܐ ܒܬܫܡܫܬܗ ܐܦܝܣܩܦܐ ܘܟܘܡܪܐ ܕܦܬܟܪܐ: ܘܟܕ ܫܡܥ ܕܡܬܚܝܠ ܗܘܐ ܠܩܪܒܐ ܘܕܡܬܓܢܒ ܗܘܐ: ܒܡܢܗܘܢ ܕܩܘܡ ܘܐܬܐ ܦܬܟܪܐ ܕܢܣܓܘܕ ܠܗ ܒܢܝ ܕܦܬܟܪܐ. ܘܟܕ ܡܛܐ ܠܢܨܝܒܝܢ ܡܕܝܢܬܐ ܗܘܐ ܠܥܠܡܐ ܕܢܛܠ ܒܗ ܐܝܟܢܐ ܐܬܐ ܢܘܪ ܒܦܬܟܪܘܗܝ. ܚܙܐ ܕܝܢ ܡܢ ܬܘܩܢ ܐܦܪܝܡ ܒܝܬܗܘܢ ܘܫܘܒܚܐ ܕܡܕܝܢܬܐ: ܘܐܬܚܙܝ ܠܗ ܒܪܘܚܐ ܕܢܘܪܐ ܕܦܠܐܬ ܡܢ ܡܪܝܐ ܕܦܬܟܪܐ: ܗܘ ܕܢܫܩ ܡܠܟܐ ܒܪܡܫܐ ܒܥܡܛܢܐ. ܘܦܩܕ ܗܘܐ ܡܢ ܫܡܝܐ ܠܡܐܡܪ: ܐܦܪܝܡ ܐܦܪܝܡ ܐܝܟܢܐ ܕܚܙܐ ܒܚܙܘܐ ܗܢܐ ܕܢܘܪܐ: ܡܚܝܐ ܐܬܐ ܗܘܐ ܥܠ ܦܬܟܪܘܗܝ ܀

XIII ܘܡܠܟܐ ܕܝܢ ܗܘܐ ܗܘܝܐ: ܒܬܪ ܕܫܡܥ ܗܘ ܡܪܢܐ ܡܪܝ ܐܦܪܝܡ ܡܢ ܡܠܦܢܐ: ܡܛܠ ܕܠܐ ܫܒܩ ܗܘܐ ܕܢܬܩܛܠ ܝܘܠܝܢܘܣ. ܘܐܬܐ ܠܘܬ ܡܕܝܢܬܐ ܘܚܙܐ ܐܝܟܢܐ ܕܐܬܐ ܠܡܪܕܝܢ ܠܡܠܟ ܒܥܠܡܐ ܒܪܘܫ ܡܕܝܢܬܐ. ܘܟܕ ܗܘܐ ܠܡܪܕܝܢ ܒܡܕܝܢܬܐ ܘܡܬܦܢܝܢ ܐܠܗܘܬܗ ܘܡܩܛܠ ܐܦܢ ܕܐܝܟ ܢܦܫ ܐܝܟ ܠܡܕܝܢܬܐ ܠܘܬ ܡܫܝܚܝܐ ܕܐܬܩܛܠܘ. ܘܟܕ ܐܙܠ ܐܦܝܣ ܡܠܟܘܬܐ ܚܕܐ ܘܡܕܝܢܬܐ ܫܩܝܠܬܐ. ܘܟܠ ܒܗ ܗܘ ܘܗܘ ܡܪܕܝܢܐ ܕܐܬܐ ܗܘܐ ܒܝܘܡܗ ܘܗܘܐ ܬܘܩܢܐ ܫܒܝܚܬܐ܀ ܗܘܐ ܕܝܢ ܒܡܪܕܝܢ ܫܢܝܐ ܠܡܕܝܢܬܐ: ܟܕ ܡܚܙܐ ܗܘܐ ܠܦܠܚܘ ܕܢܟܝܐ ܐܢܫܐ. ܫܡܥ ܗܘܐ ܕܦܘܠܚܢܐ ܐܝܟ ܡܢ ܐܘܪܚܗ ܐܘ ܒܐܬܘܪܐ ܐܚܪܢܐ. ܫܡܥܢܐ ܕܝܢ ܡܢ ܡܫܝܚܝܐ ܕܐܝܟ ܕܐܬܚܙܝܬ ܡܢ ܐܬܪܚܩܬܗ ܕܐܬܪܘܢ ܐܝܟܢ ܗܘܐ ܠܗܘܢ ܢܟܝܢܐ ܠܐܬܪܢܐ: ܡܛܠ ܕܐܬܪܘܢ ܗܘܐ ܒܦܬܟܪܐ ܐܝܟܢܘܬܐ ܘܟܕ ܡܬܘܕܐ ܕܐܬܚܙܝ ܡܫܟܚ ܗܘܐ ܒܡܕܝܢܬܐ ܐܘ ܡܬܦܢܝܢ. ܟܕ ܕܝܢ ܩܛܠܗ ܠܫܝܢܝܐ ܡܠܟ ܗܘܐ ܗܘ

ܡܪ̈ܥܝܬܐ ܗܢܝܢ ܐܦܪܝܡ ܒܡܕܒܪܐ: ܗ̈ܢܝܢ ܡܬܬܕܟܪܢ ܡܢ ܐܒ̈ܗܬܐ܀ ܗܢܝܢ ܠܐ ܐܬܚܫܒ ܢܡܘܣܐ ܐܝܟ ܕܢܦܫܗ ܐܠܐ ܠܟܠܗ ܡܢ ܠܟܒܪܬܐ ܕܢܦܩܐ ܠܐܬܪܐ ܕܒܬܪܟܢ ܐܢܫܐ ܡܢ ܐܬܪܐ ܕܡܬܡܨܪܝܢ: ܕܢܚܙܘܢ ܠܡܪ̈ܥܝܬܐ ܕܐܘܣܛܠܝܛܘܣ. ܘܟܕ ܗܘܐ ܡܪ̈ܥܝܬܐ ܕܕܝܪ̈ܝܐ ܕܗܠܝܢ: ܕܟܕ ܗܘܐ ܐܬܩܪܝܢܐ ܕܡܪ̈ܥܝܬܐ ܗܢܝܢ ܕܐܬܐܡܪ: ܡܛܠ ܠܐܬܪ̈ܘܬܐ ܡܕܝ̈ܢܬܐ. ܘܟܕ ܟܠܐ ܠܟܠܗܘܢ: ܐܬܐܠܐ ܡܬܢܐܠܐ ܠܐܘܣܛܠܝܛܘܣ ܕܐܬܐܡܪ ܠܗ ܕܒܡܚܣܢ ܫܢܝܐ ܐܝܟ ܠܗ ܒܡܕܒܪܐ. ܘܢܚܬܘ ܗܘܘ ܠܡܘܬܐ ܕܡܪ̈ܥܝܬܐ ܘܐܝܟ ܠܐ ܡܟܠܐ ܐܢܘܢ ܘܟܕ ܒܠܒܘܬܐ ܗܘ ܡܢܝ ܡܢ ܦܬܘܬܐ ܕܡܪ̈ܥܝܬܐ. ܠܟܢܫܘ ܕܝܢ ܕܝܘܡܐ ܟܠܐ ܗܘܐ ܡܛܦܝܣ ܠܗ ܠܡܕܒܪܐ ܘܫܪܘ ܠܡܪ̈ܥܝܬܐ ܠܐܘܣܛܠܝܛܘܣ ܒܡܕܒܪܐ: ܘܐܡܪ ܠܡܨܒܬܘܟܬܐ ܗܘ ܕܟܕܒܘ ܡܢ ܡܢ ܐܢܐ ܐܘ ܐܚܝ ܕܡܪܢܝܬܐ ܗܘܐ ܠܡܨܒܬܐ ܠܡܘܬܐ: ܗܘܐ ܢܚܬ ܕܟܕܒ ܠܡܓܒܠ ܗܘܐ ܡܨܝܢܬܐ ܡܠܬܝܠ ܠܐ ܗܠܝܢ ܕܝܗܘܒܐ ܐܝܟ ܐܘ ܐܚܝ ܕܢܦܫܘ ܠܟܢܫܐ ܐܡܐ ܕܫܒܝܩܘ: ܗܘܐ ܠܡܢܝܢ ܐܚܘܗܝ ܫܦܝܪܬܐ ܘܡܦܩܢܘܬܐ ܕܩܕܝܫܘܬܐ: ܟܕ ܠܗܘܐ ܒܗ ܒܢܘܗܪܐ ܕܫܡܫܐ ܕܒܓܘ ܡܥܪܬܐ ܘܐܝܠܝܢ ܡܬܚܙܝܢ: ܗܘܦܟܝ ܕܡܠܟܝ ܒܗ ܒܗ ܦܬܓܡܐ. ܘܗܘܐ ܟܠܗ ܠܟܠܗ ܚܠܦ: ܟܕ ܒܣܪܐ ܠܒܘܫܐ ܕܡܝܘܢ ܐܝܟ ܦܬܓܡܐ ܡܨܝܢܬܐ. ܘܟܕ ܠܐ ܫܒܩ ܗܘܐ ܠܟܢܘܫܝܐ: ܐܡܪ ܠܡܨܒܬܘܟܬܐ ܗܘ: ܕܫܡܥ ܐܘ ܐܚܝ: ܕܢܦܩܘܢ ܕܝܘܡܐ ܡܢ ܡܢ: ܐܝܠܐ ܬܢܝ ܬܘܪܬܐ ܐܬܩܪܝܘ ܠܡܕܒܪܐ. ܘܐܦܢܝܬܐ ܗܘܬ ܠܟܠܗܘܢ ܐܢܫܐ ܘܫܘܬܐ ܡܢ ܡܨܒܬܝܢ ܕܝܘܡܐ ܒܗܘܢܐ ܕܢܘܪܐ ܐܡܐ ܕܫܒܝܩܘ. ܘܡܨܒܬܘܟܬܐ ܗܘܐ ܗܘ ܗܢܐ ܐܦܪܝܡ. ܘܟܕ ܗܘܢܝܢ ܡܬܚܙܝܢ ܗܘܐ: ܗܘܐ ܬܘܬܐ ܕܐܝܟܐ ܠܐܘܣܛܠܝܛܘܣ ܗܘܐ ܒܗ ܠܡܐܬܐ: ܕܢܦܩܘ ܠܟܠܗܘܢ ܕܐܝܟ ܡܘܬܐ. ܘܫܪܐ ܠܡܕܒܪܐ ܐܦܪܝܡ ܠܪܘܚܐ ܡܪ̈ܥܝܬܐ ܕܡܬܩܪܝܢ ܗܘܐ ܟܕ ܦܘܩܕܢܗ ܘܐܬܟܢܫ. ܘܟܕ ܡܠܝܬܐ ܠܟܠܗ ܗܘܐ ܒܐܘܣܛܠܝܛܘܣ: ܘܡܬܟܢܫ ܗܘܐ ܟܠܗ ܒܡܠܐ ܚܕܐ ܐܝܟ. ܠܡܕܒܪܐ ܕܝܢ ܗܢܐ ܐܦܪܝܡ ܚܙܐ ܗܘܐ ܟܠܗ ܐܬܟܢܫ ܐܚ̈ܐ ܐܢܘܢ ܐܢܘܢ. ܘܗܘ ܡܪܥܝܬܐ ܠܐܘܣܛܠܝܛܘܣ ܡܢ ܡܢܐ ܗܘܐ ܘܫܪܐ ܒܗ ܘܡܕܒܪܐ ܠܟܠܗ ܗܘܐ ܚܠܦ ܕܢܦܫܗ ܒܗ ܘܐܡܪ

ܠܗ: ܐܠܐ ܠܐܦܝܣܩܘܦܐ ܦܠܚܝܢ ܗܘܐ ܡܚܙܝܢ ܐܢܬ ܕܒܙܝܬ ܕܡܠܒܫ ܦܪܦܝܪܐ ܘܡܫܒܚ ܢܘܗܪܐ ܡܢ ܐܝܟ ܐܣܝܪ ܒܢ ܠܗܘܢ ܘܐܡܪ ܠܗ: ܦܩܕ ܡܪܝ ܘܩܪܐ ܠܐܪܟܝܕܝܩܘܢ: ܬܐ ܐܦܝܣܩܘܦܐ ܩܪܐ ܠܟ. ܗܘ ܕܝܢ ܐܪܟܝܕܝܩܘܢ ܟܕ ܫܐܠ ܡܫܡܫܢܐ ܕܢܚܘܝܘܗܝ ܠܓܒܪܐ ܘܐܙܠ ܡܚܘܝܢܘܬܗ ܠܬܪܥܐ ܕܐܬܚܘܝ ܗܘܐ ܗܘ ܡܪܝ ܐܦܪܝܡ ܘܐܡܪ ܠܗ: ܦܩܕ ܡܪܝ ܘܩܪܐ ܠܐܪܟܝܕܝܩܘܢ: ܐܙܠ ܚܙܝ ܕܒܟ ܬܐ ܐܦܝܣܩܘܦܐ ܩܪܐ ܠܟ. ܟܕ ܗܘܝܠ ܫܡܥ ܡܢ ܡܬܪܓܡܢܐ ܠܗܘܢ ܕܐܬܡܫܪܐ: ܥܢܐ ܘܐܡܪ ܠܐܪܟܝܕܝܩܘܢ: ܛܥܝܬ ܡܪܝ ܐܚܝ ܠܓܒܪܐ ܠܗ: ܢܟܪܝܐ ܐܢܐ ܕܝܢ ܐܟܣܢܝܐ: ܘܠܐ ܝܕܥ ܠܝ ܬܐ ܐܦܝܣܩܘܦܐ. ܘܗܦܟ ܐܪܟܝܕܝܩܘܢ ܘܐܘܕܥ ܗܠܝܢ ܠܩܕܝܫܐ ܒܣܝܠܝܘܣ. ܘܡܚܝܪܐ ܥܢܐ ܥܠܝܗ ܟܠܗ ܡܪܝ ܐܦܪܝܡ ܡܢ ܐܦܝܣܩܘܦܐ ܗܘ ܕܐܝܬܘܗܝ ܗܘܐ ܠܗ ܠܐܦܝܣܩܘܦܐ ܐܝܟܢܐ. ܘܗܦܟ ܩܪܝܒܐ ܒܣܝܠܝܘܣ ܘܐܡܪ ܠܐܪܟܝܕܝܩܘܢ: ܐܠܐ ܠܐܦܝܣܩܘܦܐ ܦܠܚܝܢ ܘܡܫܒܚܝܢ ܐܢܬ ܠܗܘܢ ܐܝܟ ܕܩܒܠܬ: ܗܘܝܢ ܐܡܪ ܠܗ: ܡܪܝ ܐܦܪܝܡ ܡܚܝܠ ܠܘܬܟ ܕܒܣܝܠܝܘܣ ܩܕܝܫܐ: ܗܐ ܕܝܢ ܐܦܝܣܩܘܦܐ ܩܪܐ ܠܟ. ܘܟܕ ܐܙܠ ܐܪܟܝܕܝܩܘܢ ܕܢܐܡܪ ܠܐܦܝܣܩܘܦܐ ܗܢܝ: ܝܕܥ ܠܡܥܡܪܗܘܢ ܕܩܕܝܫܐ ܡܪܝ ܐܦܪܝܡ ܘܐܡܪ ܠܗ ܗܟܢ: ܡܪܝ ܐܦܪܝܡ ܐܚܝܢ ܕܝܢ ܐܦܝܣܩܘܦܐ ܩܪܐ ܠܟ: ܦܩܕ ܡܪܝ ܘܩܪܐ ܠܟ ܕܒܣܝܠܝܘܣ ܩܕܝܫܐ. ܘܐܙܠ ܗܘ ܡܪܝ ܐܦܪܝܡ ܥܡ ܗܠܝܢ ܘܫܡܥ ܠܐܢܫܐ ܘܡܠܟܐ ܡܠܐܟܐ ܘܫܡܥ ܠܡܐܡܪ: ܛܒ ܗܘܐ ܒܫܪܪܐ: ܛܒ ܗܘܐ ܒܫܪܪܐ: ܒܟܠܗ ܗܘܐ ܕܢܗܘܐ ܒܣܝܠܝܘܣ: ܐܝܟ ܐܚܪܢܐ ܡܩܕܫܐ ܩܪܝܒܐ ܡܫܒܚܐ ܠܟܠܗܘܢ. ܟܠ ܕܝܢ ܗܘ ܐܦܝܣܩܘܦܐ ܕܚܙܐ ܠܡܫܡܫܢܘ ܕܝܢ ܒܪܘܚܐ: ܕܟܠ ܩܘܪܒܐ ܩܪܝܒܐ ܠܩܕܝܫ ܡܪܝܐ ܦܬܓܡܐ ܐܠܐ ܡܫܒܚܐ. ܘܟܕ ܐܫܬܡܥܘ ܐܘܪܚܐ ܐܝܟܢܐ: ܡܢ ܗܘܐ ܠܫܘܒܚܗ ܘܩܕܡ ܕܢܦܘܩܘܢ ܠܘܬܗ ܠܩܪܝܒܐ ܡܪܝ ܐܦܪܝܡ. ܘܐܡܪ ܠܗ ܡܢܘ ܫܡܥܘܢ ܕܡܫܝܚܐ: ܐܝܟܢܐ ܕܐܬܚܙܝ ܒܫܢܝܢ. ܟܕ ܕܝܢ ܚܙܐ ܗܘ ܠܡܚܙܐ ܠܘܬܗ: ܢܚܬ ܗܘܐ ܠܗ ܩܪܝܒܐ ܒܣܝܠܝܘܣ: ܕܡܫܒܚ ܦܪܘܦܗ ܘܠܒܫ ܢܘܗܪܐ ܗܘܐ ܘܡܛܠ ܗܘܐ. ܘܩܡ ܒܣܝܠܝܘܣ ܘܐܙܠ ܕܢܗܘܐ ܡܕܒܪܢܐ ܘܐܡܪ ܠܗ: ܫܠܡ ܠܟ ܡܪܝ ܠܡܫܡܫܢܐ

ܘܫܠܝܚܐ. ܘܢܦܠ ܡܕܡܘܬܗ ܐܦ ܗܘ ܒܟܠ ܐܘܪܚܐ. ܗܘܝܢ ܩܕܡܘ ܘܢܦܩܘ ܫܘܒܚܐ ܒܢܗܪܐ. ܘܐܡܪ ܠܗ ܡܪܝ ܒܐܣܝܠܝܘܣ: ܦܩܘܕ ܐܬܐ ܐܚܐ ܕܢܘܗܪܐ ܕܪܘܚܐ ܠܒܪܬܐ: ܡܛܠ ܡܢܐ ܗܘܐ ܒܡܕܝܢܬܐ ܐܬܐ ܐܚܝ: ܠܡܛܐ ܐܬܝܬ ܠܩܘܕܫܐ ܠܘܬ ܐܢܫܐ ܥܠܝܠܐ: ܡܛܠ ܗܝ ܡܪܝܐ ܐܠܗܐ ܕܒܘܚܢܐ. ܗܘ ܕܝܢ ܛܘܒܢܐ ܡܪܝ ܐܦܪܝܡ ܐܬܚܙܝ ܒܥܝܢܘܗܝ ܘܐܡܪ ܠܗ ܩܠܝܠ ܕܒܥܬܐ ܗܘܬ ܒܠܒܗ. ܘܚܙܐ ܐܬܐ ܠܡܐܬܐ ܡܪܝܐ ܡܢ ܐܢܫܐ ܥܠܝܠܐ:.

XIV ܘܟܕ ܒܥܕܢܐ ܚܕܐ: ܐܡܪ ܠܗ ܥܠܝܠܐ ܕܐܬܚܙܝ ܪܒܐ ܒܐܣܝܠܝܘܣ: ܐܡܪ ܠܗ ܐܘ ܐܚܝ: ܐܝܟܢܐ ܐܢܬ ܐܬܐ ܦܘܪܫܢܐ: ܘܡܛܠ ܕܒܥܝܢܢ ܗܘܝܬ ܠܐ ܝܕܥ ܗܘܝܬ: ܡܫܬܡܥ ܗܘܝܬ ܕܝܢ ܐܬܪܐ ܠܟܠܝܢ. ܘܗܘ ܛܘܒܢܐ ܐܦܪܝܡ ܐܡܪ ܠܗ: ܐܝܟ ܐܚܝ: ܠܚܘܕܝܐ ܡܪܝܐ ܡܫܡܥ ܗܘܝܬ: ܗܘ ܕܡܫܬܠܠ ܗܘܐ ܠܟ ܡܢ ܦܘܡܝ. ܘܩܡ ܒܐܣܝܠܝܘܣ ܘܢܦܠ ܡܕܡܘܬܗ ܘܐܡܪ: ܠܟܘ ܐܢܬ ܐܬܐ ܗܘܝܬ ܒܐܣܝܠܝܘܣ ܘܐܢܐ ܐܦܪܝܡ: ܘܐܫܬܘܕܝ ܠܡܫܘܕܥܘܬܐ ܗܢܐ ܕܫܡܥ ܠܟ ܡܢܝ. ܘܟܠܗܘܢ ܐܡܪ ܒܐܣܝܠܝܘܣ: ܐܝܟ ܠܐ ܐܬܚܙܝ ܩܕܡ ܡܫܘܕܥܘܬܐ ܕܐܚܘܗܝ ܕܢܦܠܬ ܐܢܐ ܡܢܝ ܘܒܝܬ ܢܨܝܚܢ ܠܡܫܒܚܘܬܐ ܗܘ ܕܡܢ ܐܚܘܗܝ ܐܫܬܘܕܝ ܠܟ. ܗܘ ܕܝܢ ܛܘܒܢܐ ܐܦܪܝܡ ܠܟܠ ܘܐܡܪ ܠܗ: ܐܘ ܐܚܝ ܡܪܝ ܐܦ ܐܢܐ ܚܙܝܬ ܚܙܘܐ ܐܝܟ ܗܟܢܐ: ܕܫܡܥܘ ܡܢ ܦܘܡܗ ܕܐܬܥܒܕ. ܐܡܪ ܠܗ ܬܘܒ ܒܐܣܝܠܝܘܣ: ܦܩܘܕ ܡܫܬܐܠܐ ܐܢܬ ܐܠܐ ܠܝ: ܕܢܬܪܥܐ ܡܛܠܬܐ ܕܒܥܠܐ ܘܠܐܬܪܐ ܕܝܠܢ ܠܘܬܟ. ܐܡܪ ܠܗ ܕܝܢܐ ܐܦܪܝܡ. ܢܗܘܐ ܐܢܐ ܐܘ ܡܪܝ ܕܡܪܝܐ: ܕܟܠ ܕܐܬܟܠ ܠܐܚܘܗܝ ܢܗܘܐ ܠܗ: ܕܒܚ ܩܘܕܫܐ ܘܡܠܝܢ ܡܢ ܐܚܘܗܝ: ܕܐܬܚܙܝ ܠܚܝܠܐ ܒܘܝܢܐ. ܘܟܕ ܗܘܐ ܫܡܫܐ ܡܪܝ ܒܐܣܝܠܝܘܣ: ܐܡܪ ܠܗ: ܐܘ ܐܚܝ ܘܐܝܟ ܠܡܘܪܐ ܘܫܘܪܪܐ: ܩܕܡ ܡܢ ܐܢܫܐ ܕܡܪܐ ܗܘܐ ܠܡܫܡܫܘ ܕܫܡܝܐ: ܠܘܬ ܚܘܒܐ ܕܡܥܢܝܐ ܘܕܝܠܗܘܢ ܘܦܫܘ ܠܩܘܕܫܐ ܘܦܩܕ ܠܗܘܢ: ܠܐ ܢܚܣܪ ܒܗܝܠܐ ܗܘܐ ܠܗ ܡܪܝ. ܘܟܕ ܒܥܕܢܐ ܕܫܘܒܚܐ ܒܕܘܟܬܐ ܘܩܕܡ ܡܢ ܕܢܬܩܪܒܘܢ:

ܐܡܪ ܠܗ ܫܘܒܚܐ ܕܐܠܗܐ ܠܐܘܣܛܒܝܘܣ: ܠܡܢܐ ܡܪܝ ܐܦܪܝܡ ܠܐ ܢܣܒ ܐܢܬ ܩܘܪܒܢܐ ܕܩܫܝܫܘܬܐ: ܟܝܢܐ ܓܝܪ ܠܡ ܡܫܟܚ. ܘܦܬܚ ܠܗ ܟܠܗ ܡܠܟܘܬܗ ܘܐܡܪ: ܫܡܥܐ ܐܢܐ ܐܘ ܐܒܝ. ܘܟܠܐ ܘܐܡܪ ܠܗ: ܐܬܟܠܘ ܕܐܢܐ ܣܡܝܟܘܬܟ ܐܝܟ ܗܘܐ ܠܝ: ܠܟܠ ܡܫܟܚܢܐ. ܘܟܕ ܠܟܠ ܡܫܟܚܢܐ ܥܠ ܐܪܥܐ: ܫܘܡ ܫܘܒܚܐ ܕܐܠܗܐ ܐܝܟ ܠܟܠܗܘܢ ܕܡܢ ܐܦܪܝܡ ܘܐܡܪ ܠܟܠܗܘܢ ܪܚܡܝ ܕܡܫܡܫܢܘܬܐ ܘܡܣܒܪܐ ܐܡܪ ܠܡܪܝ ܐܦܪܝܡ: ܦܩܘܕ ܘܩܘܡ ܠܟ. ܘܩܪܝܢ ܐܡܪ ܡܪܝ ܐܦܪܝܡ ܠܟܠܢܐ ܕܐܝܢܐ: ܦܪܘܩ ܘܐܩܝܡܢܝ ܐܠܗܐ ܠܡܫܡܫܢܘܬܐ. ܘܐܡܪ ܗܘܐ ܗܘܐ ܠܟܠܢܫ. ܘܟܕ ܕܒܪ ܕܢܬܩܠ ܠܗ ܩܘܪܒܢܐ ܕܩܫܝܫܘܬܐ: ܣܓܝܐܐ ܐܬܥܝܩ ܠܗ ܡܪܝ ܐܦܪܝܡ ܕܗܘܐ ܠܐ ܢܬܟܪܐ: ܡܛܠ ܕܠܐ ܫܦܝܪ ܗܘܐ ܠܗ ܠܐܠܗܐ. ܘܡܛܠ ܕܒܥܝܐ ܗܘܐ ܠܐ ܢܬܚܫܒܘܢܝܗ ܠܗ ܠܥܒܕܐ ܘܡܚܣܢ ܠܐܠܗܐ ܗܘ ܕܡܪܐ ܗܘܐ ܦܬܓܡܐ ܐܝܟ ܕܐܬܬܢܝܡ ܠܐ ܡܬܬܪܝܨܘܬܐ ܠܟܠܗܝܢ ܢܦܫܬܐ. ܐܚܪܢܐ ܓܝܪ ܠܟܘܪܗ ܐܬܐܡܪ ܡܢܝܢ ܘܡܫܢܐ ܗܘܐ ܠܗ ܘܢܘܟܪܝܐ. ܘܬܘܒ ܥܡܠ ܐܚܪܐ ܕܡܫܡܫܢܘܬܐ ܐܦ ܕܩܫܝܫܘܬܐ ܠܡܫܟܚܬܐ ܗܘ ܕܟܠܗ. ܦܬܓܡܐ ܓܝܪ ܡܢ ܕܡܫܡܫ ܗܘܐ ܠܡܫܡܫܢܘܬܐ ܘܢܘܟܪܝܘܬܐ: ܘܡܫܬܥܝܢܐ ܡܛܠ ܡܢܗ ܗܘ ܫܘܒܚܐ ܕܐܠܗܐ:·

XV ܒܬܪ ܕܝܢ ܐܬܐ ܠܗ ܙܒܢܐ ܕܐܬܢܚܡܘ ܐܘܪܗܝ ܡܛܠ ܕܢܦܩ ܡܢ ܠܒܐ ܐܬܐܪܐܡܘ. ܘܐܬܚܙܝܘ ܗܘܘ ܠܐܪܗܘܢ ܡܢ ܫܘܒܚܐ ܕܐܠܗܐ: ܐܝܟ ܕܢܦܩܘ ܠܡܦܘܪܐ. ܘܢܦܩ ܗܘ ܙܒܢܐ ܘܡܕܝܢܬܐ ܗܘ ܕܒܟܠܗ. ܕܢܐܬܐ ܠܐܘܪܗܝ ܡܕܝܢܬܐ. ܘܟܕ ܡܛܐ ܠܡܕܝܢܬܐ ܚܙܐ ܠܗ ܕܢܦܩܢ ܗܘ ܐܢܬܘܬܐ ܘܡܬܚܙܝܢ ܣܓܝܐܬܐ ܕܙܒܢܝܬܐ. ܘܫܪܝ ܠܡܬܒܥܘ ܙܒܢܐ ܐܝܟ ܦܘܪܫܢܐ ܕܡܪܗ. ܚܙܐ ܕܝܢ ܡܢ ܙܒܢܐ ܡܬܚܫܒ ܠܡܬܒܥܘ ܥܠ ܦܬܓܡܗ: ܗܘ ܕܝܢ ܠܐ ܡܬܠ. ܟܕ ܕܝܢ ܠܒܪ ܡܛܠ ܐܬܐ ܠܡܬܠ ܒܪܘܚܐ ܘܡܫܬܒܚ ܗܘܐ ܠܗ ܠܙܒܢܐ. ܙܒܢܐ ܕܝܢ ܗܘ ܕܡܫܬܚܩ ܢܦܩ ܗܘܐ ܥܠ ܬܪܥܐ ܚܕܐ. ܘܢܦܩܬ ܐܢܬܬܐ ܡܢ ܐܬܪܐ ܘܡܬܚܙܝܐ ܘܚܙܬ ܒܟܠܐ. ܗܘ ܕܝܢ ܢܦܠ ܕܘܠ ܒܬܪܗ ܕܙܒܢܐ ܘܐܬܚܙܝܗ ܠܟܠܗ ܡܢ ܬܪܥܐ ܕܡܕܝܢܬܐ ܒܟܘܪܐ ܚܕ ܕܢܦܠ ܒܪܘܚܐ ܗܘ

ܘܫܪܝܪܐ ܗܘ ܕܟܐܦܗ. ܘܢܦܠܘ ܗܘܘ ܟܠܗܘܢ ܥܠ ܦܪ̈ܨܘܦܝܗܘܢ ܕܛܘܒܢܐ ܘܡܫܒܚܝܢ ܗܘܘ ܠܗ ܕܐܘܪܟ ܠܗܘܢ. ܘܟܕ ܕܗܘܐ ܘܚܙܐ. ܠܡܫܝܚܐ ܥܡܐ ܘܦܩܕ ܠܗܘܢ ܕܢܬܢܝܚܘܢ ܡܢ ܠܚܘܒܝܗ. ܘܟܕ ܕܐܬܢܝܚܘ ܐܙܠܘ ܠܗ ܠܥܠܠܐ ܟܠܗ ܘܐܙܠܘ ܘܫܟܢܝܢ ܒܐܬܪܗ ܘܐܫܬܒܚܘ. ܘܡܢ ܟܕܘ ܟܠܗܘܢ ܢܦܠܘ ܡܬܕܡܪܝܢ ܘܡܫܒܚܝܢ ܗܘܘ ܠܐܠܗܐ ܦܘܪܩܢܐ ܕܡܫܝܚܐ ܐܬܐ ܠܦܘܪܩܢܗܘܢ ܡܢ ܣܢ̈ܐܐ ܀

XVI ܘܡܢ ܒܬܪ ܗܠܝܢ ܐܫܬܘܝ ܟܘܠܗ ܐܪ̈ܝܘܣ. ܘܚܫܒܘܗ ܕܡܢ ܠܟܠܗܘܢ ܥܡܠܐ ܗܘܐ: ܐܬܬܪܝܡ ܠܗܘܢ ܕܡܪܝ ܕܡܪܝ: ܐܬܡܠܟ ܕܗܘ ܐܡܪ: ܘܗܘܝ ܐܪ̈ܝܘܣ ܕܐܪ̈ܝܘܣ ܘܕܐܝܟܘܬܗ ܘܡܪ̈ܕܘܬܗ ܘܡܪܕܘܬܐ ܕܐܟܘܬܗ. ܗܘܝܢ ܗܘܐ ܛܘܒܢܐ: ܟܕ ܚܙܐ ܐܝܟ ܠܐܪ̈ܝܘܣ ܗܘܝܢ ܘܛܥܝܢ ܠܟܠܗܘܢ ܢܛܠܡܘܢ ܕܠܗܘܢ ܛܥܝܢܐ: ܕܢܬܠܐ ܕܠܟܠܐ ܠܡܬܠܐ ܒܢ̈ܝܐ ܒܪܢܫܐ ܟܠ ܚܕ ܡܢܗܘܢ ܡܬܝܠܢܐ ܩܠܝܠ ܕܠܗܘܢ ܡܫܬܡܠܝܢܐ. ܘܐܘܕܝ ܠܡܫܡܥܗܘܢ ܡܢ ܒܪܡܫܐ ܕܦܘܣܩܢܐ ܡܪܡܣ ܗܘܐ. ܚܙܐ ܗܘܐ ܠܗ ܠܥܡܐ ܕܡܬܛܠܡ ܗܘܐ ܡܢ ܒܢ̈ܝܐ ܩܠܝܠ ܕܫܘܠܛܢܐ ܕܠܗܘܢ ܕܡܠܦܝܢ ܘܡܫܒܚܐ. ܡܛܠ ܕܗܘܦܟܗ ܒܗ ܕܡܪܝ ܗܘܐ ܡܬܡܪܡܪ ܐܡܪ̈ܝܬܐ ܡܢ ܡܠܦܢܗ ܠܡܫܡܥܗ ܕܐܟܘܬ ܡܫܝܚܐ ܗܘܝܢܐ. ܡܫܬܠܡ ܗܘܐ ܠܡܫܡܥܐ ܘܢܦܩ ܗܘܐ ܠܗܘܢ ܠܐܒܕܢܐ. ܗܘ ܕܝܢ ܛܘܒܢܐ ܟܕ ܚܙܐ ܕܡܢ ܥܠܝܠ ܡܫܬܠܛܐ ܒܥܡܐ ܩܠܝܠ ܗܘܝܢ: ܗܘܝܢ ܢܦܩ ܠܗ ܗܘ ܡܫܡܥܬܐ ܕܩܠܝܠ ܘܩܝ̈ܡܬܐ ܘܢܦܩܗ ܠܗܘܢ ܕܢܚܙܐ ܐܟܘܬܐ ܘܡܢ ܠܡܫܡܥܐ ܐܚܪܢܐ ܫܡܠܐ ܗܘܝܢܐ ܘܡܫܬܡܥܢܐ. ܗܘܝܢ ܕܝܢ ܗܘܝܢ ܡܢ ܦܠܓܐ ܗܘ ܡܦܢܝܢ ܠܗܘܢ ܐܦ ܗܘܝܢ ܠܡܠܘܐ ܕܡܘܙܐ ܕܟܢ̈ܫܐ. ܟܠ ܕܝܢ ܒܪܘܚܐ ܕܩܘܕܫܐ ܠܗ ܠܡܠܦܢܘ ܫܡܥܐ ܕܡܘܢܝܐ ܀

XVII ܘܟܕ ܚܙܐ ܐܪ̈ܝܘܣ ܗܠܝܢ ܚܝܪ ܡܪܢܐ ܒܐܡܫܒܚܘܬܗ ܗܟܢܐ ܐܝܟ ܡܫܡܥܢܐ ܕܒܗ: ܐܡܪܐ ܕܒܥܪܘܢܝܐ ܐܦܝܣܩܘܦܐ ܘܐܡܪ ܠܗܘܢ. ܒܪܗ ܡܢ ܒܬܪ ܐܢܬܘܢ ܠܐܦܝܣܩܘܦܐ: ܡܫܒܚܝܢ ܐܢܬܘܢ ܠܡܫܝܚܐ ܡܫܡܥܐ ܕܠܒܫ ܦܓܪܐ. ܐܦ ܠܥܡܐ ܘܐܠܗܐ ܐܡܪ ܠܗܘܢ. ܠܡܫܡܥܘܢ ܡܢ ܥܒܕܐ: ܐܦ ܡܢ ܒܪܘܚܐ ܩܕܝܫܐ: ܐܢܬܘܢ ܠܐ ܡܫܬܡܥܝܢ. ܘܡܢ ܐܝܟܐ ܟܠܗ

ܒܡܕܝܢܬܐ: ܢܦܩ ܗܘܐ ܡܢ ܬܡܢ. ܘܟܕ ܚܙܐ ܐܢܘܢ ܕܡܫܬܒܚܝܢ ܒܗܝܡܢܘܬܗ: ܫܒܚܗ ܗܘܐ ܠܡܕܒܪܢܗ ܕܟܠ ܚܝܘܬܐ. ܘܟܕ ܗܘܐ ܡܬܡܩܡ ܘܐܙܠ ܗܘܐ ܠܡܕܝܢܬܐ: ܘܫܟܚ ܗܘܐ ܬܪܥܗ. ܗܘܐ ܟܕ ܗܘܐ ܡܬܒܠ ܕܢܦܠ ܗܘܐ ܡܢ ܡܘܬܒܗ. ܘܟܕ ܫܐܠܘܗ ܒܢܝܗܘܢ: ܐܬܐܡܪ ܠܗܘܢ ܕܗܘܝܘ ܐܦܪܝܡ. ܗܢܘܢ ܕܝܢ ܢܡܘܣܝܐ ܡܠܝܢ ܘܒܥܝܢ ܠܗ ܠܡܫܠܡܘܬܗ. ܘܟܕ ܚܙܐ ܐܢܘܢ: ܐܫܬܐܠ ܘܐܡܪ ܠܗܘܢ. ܡܛܠ ܡܢܐ ܡܬܟܢܫܝܢ. ܗܢܘܢ ܕܝܢ ܐܡܪܘ: ܐܘ ܐܒܘܢ ܡܛܠ ܕܚܣܝܢ ܠܟܢܫܐ ܕܫܠܝܐ ܗܘ: ܐܬܟܢܫܢ ܩܕܡܘܗܝ. ܗܘ ܕܝܢ ܐܡܪ ܠܗܘܢ: ܐܘ ܠܡܢ ܢܬܬܝܗܒ ܡܫܝܚܐ ܕܝܢܐ ܕܡܫܘܐ: ܘܡܫܠܡܐ ܠܐ ܢܦܩ ܡܢܗ: ܐܝܟܢ ܢܦܫ ܐܬܒܥܘܢ ܫܠܝܐ. ܗܘ ܕܝܢ ܡܫܝܚܐ ܗܘ܀

XVIII ܕܗܘܐ ܟܕ ܕܝܢ ܠܡܗܘܢܐ ܡܢܝܢܐ ܐܢܫܐ ܡܫܝܚܐ ܘܡܬܢܝܚܐ: ܡܢܗܘܢ ܡܢܝ ܣܓܝ ܢܫ̈ܐ: ܣܓܝܐܐ ܕܡܬܝܬܝܢ ܗܘܐ ܠܟܝܢܗ ܕܢܚܬ ܐܝܟܘܬܐ. ܘܟܕ ܟܢܝ ܚܘܡ ܠܟܠܗܘܢ ܡܢܝܢܐ: ܟܕ ܣܓܝ ܠܗܘܢ ܟܠܗܘܢ ܕܡܬܪ̈ܥܘܢ: ܡܛܠ ܕܢܦܩ ܡܬܝܡ ܗܘܐ ܟܕ ܡܫܝܚܐ. ܐܘܦ ܐܦܝܣܩܘܦܐ ܡܫܝܚܐ ܘܐܢܫܐ ܐܘܪܚܐ ܕܐܬܒܩܘܢ ܗܘܘ ܠܘܬܗ: ܐܘܦ ܠܟܠܗܘܢ ܟܠܗ ܡܢܝܢܐ. ܢܦܩ ܕܝܢ ܠܘܬܗ ܐܦ ܢܡܘܣ̈ܝܐ: ܘܐܬܐ ܠܟܠܗܘܢ. ܘܐܬܐ ܠܘܬ ܟܠ ܢܓܕܐ ܡܕܝܢܬܐ: ܐܘܦ ܟܠ ܡܢܝ ܕܢܦܩ ܐܦܝܣܩܘܦܐ ܕܟܢܗ: ܐܢܫ ܕܗܘܐ ܟܢܗ ܡܗܝܡܢܐ. ܠܟܠ ܕܝܢ ܟܠ ܡܗܝܡܢܘܬܗ ܡܬܠܐ ܐܚܪܢܐ ܐܘܦ ܟܠ ܡܫܝܚܐ ܐܣܝܘܬܐ. ܘܡܢ ܕܝܢ ܟܠܡܫܠܡܢܐ ܘܚܙܝܐ. ܚܙܐ ܕܝܢ ܘܐܬܐ ܠܘܬܗ ܦܩܕܗ ܡܫܝܚܐ ܘܐܬܐ ܠܟܠܗܘܢ. ܠܘܬ ܟܠ ܡܢܝܢܐ ܟܠ ܦܩܘܕܐ ܘܡܚܘܝܢܘܬܐ ܗܘܘ ܠܟܘܪܗܢܐ܀

XIX ܠܘܬܗ ܕܝܢ ܐܬܐ ܟܢܫܐ ܕܗܘܢܝܐ ܠܐܘܪܚܐ ܘܐܬܐ ܣܓܝܐ ܡܕܝܢܬܐ. ܘܠܐ ܐܦ ܢܦܩ ܗܘܐ ܠܡܫܡܠܝܘ: ܕܢܦܩ ܘܐܬܪܗ ܠܟܠܗ ܡܪܝܐ ܕܡܕܝܢܬܐ. ܘܡܢܝܢܐ ܠܡܗܘܢܐ ܕܐܬܐ ܗܘܐ ܠܟܠܐ ܟܠ ܡܕܝܢܬܐ: ܕܐܬܐ ܗܘܐ ܟܕ ܟܢܫܐ ܡܫܝܚܐ ܕܟܠ ܡܢܝܢܐ ܕܟܢܫܐ ܘܢܦܩܘ. ܢܦܩܘ ܕܝܢ ܠܟܢܫܐ ܕܟܠܗܘܢ: ܘܡܢܝܢܘܢ ܟܢܘܢ ܘܟܠܗ ܟܢܫܐ ܡܫܝܚܐ. ܟܠܗ ܕܝܢ ܟܠ ܗܘܘ

ܒܬܪ ܡܢܝܢܐ ܘܣܓܝܘ ܠܥܘܡܪܢܗܘܢ ܕܒܝܬܗܘܢ ܘܕܘܟܐ: ܘܐܬܐ ܗܘܝܢ ܚܝܠܝܢ ܕܡܪܝܐ ܗܘܝܢ ܒܗܘܢ. ܘܠܐ ܫܒܩܘ ܡܕܡ ܒܟܢ ܡܢ ܡܕܝܢܬܐ ܘܠܐ ܢܬܟܠܐܘܢ. ܗܟܢܐ ܗܘ ܡܪܥܝܐ ܛܒܐ ܐܦܪܝܡ ܐܬܥܒܕ ܥܠ ܟܠܐ ܡܐ ܕܫܒܩܘ ܗܘܢܝܢ ܢܛܘܪܐ:

XX ܟܕ ܕܝܢ ܒܫܢܬܐ ܗܝ ܟܦܢܐ ܒܬܪܬܐ ܒܪܝܫܗ ܘܐܬܚܝܠ ܟܦܢܐ. ܘܟܠܗ ܒܪܝܬܗ ܕܡܕܒܪܐ ܐܬܐ ܗܘܐ ܗܘܠܐ ܟܦܢܐ. ܘܟܕ ܚܙܐ ܕܪܕܦ ܠܟܠܗܘܢ ܕܝܢ ܟܘܪܢܐ ܡܣܟܢܐ ܘܐܟܠܝܢ ܡܬܚܠܒܘܢ: ܐܬܐ ܗܘܐ ܠܐܦܪܝܡ ܗܘ ܗܘܠܐ ܟܦܢܐ ܒܩܘܡܝ ܟܢܘܫܝܐ ܐܦܝܣܩܘܦܐ ܕܟܠܗ ܕܡܕܝܢܬܐ ܘܐܡܪ ܠܟܢ ܡܢ ܡܕܝܢܬܐ ܚܝܠܐ ܗܢ. ܘܥܐܠ ܠܗܘܢ ܠܒܢܝ ܡܕܝܢܬܐ: ܕܢܦܩܘܢ ܠܘܬܗ ܘܐܡܪܐ ܠܗܘܢ ܕܐܡܝܢܝܢ. ܗܘܢ ܕܝܢ ܒܢܝ ܡܕܝܢܬܐ ܥܬܝܪܐ ܗܘܘ ܒܗܘܠܐ ܟܦܢܐ ܕܐܬܦܬܚ ܫܓܝܫܐ ܘܟܠܗ ܠܒܢܝ ܗܘܘ ܕܟܦܢܐ ܠܟܡ ܟܦܢܐ ܕܟܠܗܘܢ. ܘܟܕ ܐܘܝܪܘ ܘܠܐ ܢܦܩܘ: ܦܩܕ ܠܗܘܢ ܡܢ ܕܝܢ ܚܝܠܐ ܕܟܠܗ: ܕܢܦܩܘܢ ܘܢܩܒܠܘܢ ܐܢܘܢ. ܗܘ ܕܝܢ ܡܫܠܠ ܕܡܬܩܫܝܐ ܗܘܐ: ܫܠܚ ܠܗܘܢ ܕܢܦܩܘܢ. ܗܢܘܢ ܕܝܢ ܫܠܚܘ: ܟܕ ܟܪܝܗܐ ܦܢܘܢ ܗܘܘ ܚܕܝܫܐܝܬ ܡܫܬܐܠܝܢ. ܘܟܠܗܘܢ ܐܝܟ ܫܪܒܗ ܠܗܘܢ. ܘܟܕ ܟܕ ܗܘܐ ܒܝܢ ܡܢ ܫܘܩܐ ܕܡܕܝܢܬܐ: ܗܐ ܐܢܬܬܐ ܚܕܐ ܡܣܟܢܬܐ ܕܒܥܐ ܗܘܬ ܠܡܐܟܠ ܒܢܝܗ ܘܠܘܫܬ ܗܘܬ ܒܫܘܩܐ. ܘܟܕ ܐܬܚܙܝܗ ܠܟܦܢܐ: ܦܫܛܬ ܠܗܘܢ ܕܟܠܗܘܢ ܘܐܡܪܐ ܘܠܐ ܦܠܚܐ. ܗܘ ܕܝܢ ܟܕ ܚܙܐ ܠܗ ܦܩܕ ܕܢܣܒܘܢܗ. ܘܟܕ ܐܬܐ ܐܡܪ ܠܗ: ܠܐܢܐ ܐܙܠܐ ܐܢܬܝ. ܗܝ ܕܝܢ ܐܡܪܐ ܠܗ: ܕܠܟܦܢ ܟܕ ܟܠܐ ܦܠܚܐ ܘܢܦܠܐ ܕܐܬܟܢܫ ܥܠ ܕܢܬܠܘܢ ܕܐܟܘܠ: ܘܗܘܠܐ ܐܢܐ ܕܐܬܦܬܚ ܠܟܠܗܘܢ. ܗܘ ܕܝܢ ܐܡܪ ܠܗ: ܘܗܟܢ ܠܟܢܐ ܕܐܬ ܠܟܦܢ ܡܢܢܦ ܐܢܘܢ. ܘܗܝ ܐܡܪܐ ܠܗ ܐܢܘܢ: ܘܐܠܐ ܘܗܘܢ ܟܠܝܢ ܕܢܗܘܐ ܦܘܪܢܣܐ ܠܟܦܢܐ. ܗܘ ܕܝܢ ܐܡܪ ܠܗ ܥܠ ܕܢܫܡܥ ܢܦܫܗ ܘܟܠܐ ܕܟܠܐ ܡܢܐ ܘܟܠܗ ܐܘܪܚܐ ܗܟܢ ܠܟܠܗܘܢ: ܐܦ ܗܘ ܐܬܦܢܝ. ܘܟܕ ܟܠܐܘܢ ܢܦܩܘ ܠܟܡ ܦܪܢܐ ܕܟܠܗܘܢ: ܘܟܕ ܬܒܥ ܕܟܢܫܘܢ: ܫܪܝܘ ܒܪܚܡܐ ܠܗܟܢܐ ܘܟܦܢܐ ܕܟܠܗ ܘܐܫܩܠܘ ܘܐܪܟܢܘ ܒܡܕܝܢܬܐ. ܘܗܘܠܐ ܟܕ

ܬܫܥܝܬܗ ܕܐܢܫܐ ܡܗܝܡܢܐ ܕܐܬܬܥܝܪ ܡܢ ܡܘܬܐ܀

XXI ܗܘܐ ܕܝܢ ܬܘܒ ܟܕ ܚܕܐ ܙܒܢ: ܐܙܠ ܠܚܠܡܗ ܟܕ ܐܡܪ: ܕܐܙܠ ܕܢܚܙܐ ܕܦܓܪܐ: ܢܦܩܘ ܐܘܪܚܐ ܕܢ ܢܬܦܠܓ: ܟܕ ܙܚܠܐ ܠܡܚܙܐ ܕܐܬܡܘܬ: ܘܠܐ ܐܫܟܚ ܬܫܥܝܬܗ܀ ܡܕܝܢܬܐ ܡܘܬܐ ܘܒܝܬܐ: ܘܦܓܪܐ ܠܡܠܟܐ ܕܐܬܝܗܒܘ: ܡܢܝܢܐ ܘܙܒܢܐ ܕܡܝܬܝܢ: ܘܠܐ ܐܫܟܚ ܬܫܥܝܬܗ܀ ܐܘܪܚܐ ܡܠܝܐ ܕܦܓܪܐ: ܡܠܝܐ ܗܘܐ ܘܒܝܬܐ: ܠܡܫܝܚܐ ܠܡܠܟܐ ܕܪܚܡܐ܀ ܐܡܪ ܐܢܫܝܢ ܬܫܥܝܬܐ: ܐܝܟ ܡܘܬܐ ܐܚܐ ܟܠܐ: ܡܦܝܣܝܢ ܐܢܫܐ ܡܢ ܕܝܢ ܟܠܐ܀ ܡܫܝܚܐ ܕܦܬܚ ܠܡܛܘܪܘ: ܐܘܪܚܐ ܕܡܫܘ ܠܡܥܒܕܗ: ܘܡܢ ܦܘܪܫܢ ܡܥܒܕܗ܀ ܡܕܝܢܬܐ ܡܠܝܐ ܢܒܝܐ: ܡܕܝܢܬܐ ܕܐܝܬܝܗ ܠܚܠܐ: ܕܢܬܒ ܐܘܪܚܐ ܕܡܫܝܚܐ܀

XXII ܟܕ ܕܝܢ ܚܙܐ ܠܡܕܝܢܬܐ ܕܡܫܝܚܐ: ܕܢܟܬܒ ܡܢܗ ܠܟܠܗܘܢ ܐܪܬܡܣ: ܘܐܢܫܐ ܗܘܐ ܬܫܥܝܬܐ ܥܬܝܩܬܐ: ܢܦܩ ܠܒܪܐ ܘܠܒܪ ܢܦܫܗ ܐܚܐ ܕܐܝܬ ܗܘܐ ܡܫܡܫ܀

XXIII ܗܘܐ ܕܝܢ ܡܪܥܐ ܡܢ ܐܦܪܝܡ: ܡܢ ܟܕ ܥܒܕ ܗܘܐ ܒܡܕܝܢܬܐ ܒܪܢܫܐ ܠܡܘܬܐ ܕܢܬܘܒ: ܠܐ ܐܝܟܐ ܠܚܝܐ ܐܠܐ ܐܢ ܕܡܫܪܐ ܘܦܓܪܐ ܡܢ ܪܘܚܐ ܘܢܦܫܐ. ܢܦܫܗ ܕܝܢ ܐܬܒܛܠ ܗܘܐ ܡܢܗ. ܢܦܠ ܗܘܐ ܕܝܢ ܥܠ ܦܓܪܗ ܟܠܗ ܐܝܟ ܫܪܓܐ ܕܥܡܪܐ. ܘܡܐܠܝܢ ܐܬܐܡܪܘ ܗܘܘ ܡܢ ܙܘܥܐ ܕܦܓܪܐ ܒܥܠܡܐ ܕܢܦܫܐ. ܠܡܘܡܬܗ ܕܝܢ ܐܬܐܡܪ ܗܘܐ ܒܫܘܪܐ: ܫܒܩܗ ܕܝܢ ܠܘܚܐ ܗܘܐ ܦܓܪܐ: ܘܠܐ ܡܬܦܪܫܐ ܗܘܐ ܠܓܘܫܡܐ ܟܠܐ ܟܠܗ. ܘܐܬܐܡܪ ܡܢܐ ܘܡܢܝܢܐ܀

XXIV ܟܕ ܚܙܐ ܗܘܐ ܗܢܐ ܡܪܥܐ ܕܢܐ ܢܦܫܐ: ܘܠܟܠܐ ܕܢܚܡ ܗܘܐ ܠܦܓܪܗ ܡܢܝܐ ܗܘܐ: ܠܡܕܝܢܬܐ ܠܒܝܬܐ ܢܦܫܗ ܠܡܦܩ ܡܢ ܡܕܝܢܬܗ ܡܛܠ ܗܕܐ ܒܠܒܐ. ܦܢܐ ܥܠ ܢܦܫܐ ܩܕܡ ܗܘܐ ܥܠ ܐܘܪܚܐ. ܘܟܕ ܢܦܩ ܥܠ ܡܢܐ ܕܐܢܫܐ ܕܐܟܠ ܗܘܐ: ܐܡܪ ܠܗܘܢ ܗܘܢ ܕܐܡܪ ܗܘܐ ܠܗܘܢ ܠܒܘܪܐ ܥܠܡܐ: ܘܚܙܐ ܗܘܐ ܕܐܬܚܙܝ ܗܘܢ ܘܠܐ ܢܬܚܫܒܘܢ ܠܡܛܠܬܗ: ܡܛܠ ܕܐܡܪܘ ܠܐ ܡܫܟܚ ܐܢܐ ܥܠ ܠܒܟܘܢ ܕܬܫܥܝܬܗ ܕܐܠܗܐ: ܐܠܐ

ܠܡܐܢܘܢ ܡܠܬܗ: ܠܡܬܪܣܝܘ ܘܠܡܫܡܫܘ ܕܢܩܕܫܘܢ. ܘܗܢܘܢ ܟܕ ܫܡܥܘ ܐܬܡܟܟܘ ܘܐܡܪܘ ܠܗ: ܠܝܬ ܠܢ ܐܦ ܕܢܬܡܫܚܘܢ ܥܠ ܦܘܪܢܣܐ ܕܐܝܟ ܗܢܐ ܡܫܟܚ ܡܢ ܚܝܠܐ: ܦܠܓܘܢ ܓܝܪ ܥܬܝܕܝܢ ܢܦܠܘܢ ܘܡܬܟܠܝܢ ܥܠ ܡܫܒܚܘܬܐ ܗܕܐ. ܘܟܕ ܫܡܥ ܩܕܝܫܐ ܐܡܪ ܠܗܘܢ: ܕܗܐ ܡܬܚܙܝܢ ܦܪܘܫ ܐܢܐ ܢܦܫ ܠܟܠܗܘܢ ܐܦܣܩܘܦܘܬܐ. ܢܦܩܘ ܠܗ ܗܘ ܟܕ ܢܚܬܐ ܘܡܫܟܢܐ ܘܢܦܩܘ ܠܗ ܠܫܘܩܐ ܡܫܬܢܝܐ. ܘܡܫܪܟ ܗܘܐ ܠܒܘܫܗ ܘܦܫܛ ܐܝܕܗ ܕܢܚܛܘܦ ܡܐܟܘܠܬܐ. ܘܪܗܛ ܘܚܙܐ ܟܕ ܫܛܝܐ ܗܘ ܗܟܢܐ: ܘܐܡܪܘ ܠܡܫܡܥ ܐܝܟ ܕܥܒܕ: ܘܐܡܪܘ ܠܚܒܪܝܗܘܢ ܕܐܝܟ ܕܫܛܝܐ ܗܘܐ ܠܗܘܢ ܫܛܝܐ ܕܫܛܐ. ܘܐܙܠܘ ܐܡܪܘ ܕܐܝܬ ܠܗܠܝܢ ܠܡܕܝܢܬܐ ܘܐܝܟܢܐ ܗܘܐ ܚܙܝܢܐ ܐܝܟ ܐܝܟܢܐ ܐܝܟ. ܘܫܒܩܘܗܝ ܐܦܣܩܘܦܐ ܡܫܬܢܝܐ ܘܐܦܣܝܩ ܗܘܐ ܠܐܬܪܗܘܢ ܡܢ ܟܠ ܕܐܬܚܙܝ ܗܘܐ ܠܗ ܟܕ ܗܘ ܗܘܐ ܠܩܕܡ ܐܝܟ ܕܗܘܐ ܢܦܫܗܘܢ ܥܠ ܫܘܒܚܐ. ܟܕ ܕܝܢ ܐܫܬܡܥܬ ܫܢܝܐ ܗܢܝ ܕܦܪܫ: ܥܠ ܐܦܝ ܗܘܐ ܐܢܫܐ ܕܫܒܩܐ: ܘܦܠܓܐ ܡܫܝܚܐ ܗܘܐ ܠܚܒܝܒܘ: ܗܢܘܢ ܕܗܘ ܬܘܒܐ ܐܬܠܐ ܠܡܚܝܠܘ ܘܠܐܬܪ ܩܪܝܬܐ ܕܒܬ ܚܟܝܡ ܩܕܝܫܐ: ܟܕ ܫܡܥ ܠܗ ܐܬܬܥܝܪ ܥܠܡܐ ܗܘܐ ܕܢܚܘ ܠܡܬܝܠܠ ܠܡܘܠܟܢܐ ܕܩܕܝܫܘܬܐ. ܟܕ ܕܝܢ ܥܘܡܪܐ ܕܟܘܪܗܢܗ ܐܬܥܫܢ ܥܠܘܗܝ ܡܪܝܢܐ ܐܘ ܡܢ ܦܘܪܥܢܐ ܐܣܝܘܬܐ: ܐܬܚܙܝ ܚܠܦܝܢ ܘܗܐ ܘܬܘܠܝܐ ܡܫܬܢܝܐ. ܐܬܬܣܝܡ ܕܝܢ ܠܡܫܡܫܢܘ: ܐܝܟܐ ܕܡܬܬܣܝܡ ܐܦܣܩܘܦܐ. ܗܕܐ ܓܝܪ ܦܩܕ: ܕܡܢ ܒܬܪܗ ܠܐ ܢܬܬܣܝܡ ܦܓܪܗ ܥܡܗ ܡܢ ܦܘܠܚܢܗ: ܐܠܐ ܐܝܟܐ ܕܡܬܬܣܝܡܝܢ ܐܦܣܩܘܦܐ ܢܬܬܣܝܡ. ܘܡܢ ܕܐܬܬܣܝܡ ܒܓܘ ܩܒܪܐ: ܐܬܚܙܝܘ ܒܗ ܡܪܢܐ ܘܫܘܒܚܐ ܠܡܫܡܫܢܐ: ܐܝܟ ܕܐܦܣܩܘܦܘܬܐ ܕܡܪܢܐ ܩܕܝܫܐ ܗܘܐ. ܘܗܘܐ ܡܠܬܗ ܘܡܫܬܡܠܝܐ ܡܢ ܦܠܓܘܢ ܚܝܠܐ ܕܐܠܗܐ:

ܫܠܡܬ ܬܫܥܝܬܐ ܕܡܪܝ ܐܦܪܝܡ

ܡܫܒܚܐ ܒܟܠܗ ܥܠܡ.

ܣܗܕܘܬܐ ܕܢܪܣܝ ܒܪ ܡܢܬܐ

ܡܢ ܫܢܬܐ ܕܬܠܬܝܢ ܘܬܪܬܝܢ ܕܫܒܘܪ ܡܠܟܐ ܘܠܫܘܠܛܢܗ ܒܟܠܗܝܢ ܐܬܪ̈ܘܬܐ ܡܠܟܐ ܘܡܠܟܘܬܗ ܐܬܪܘܬܐ ܕܦܪܣ ܕܡܕܢܚܐ. ܗܘ ܗܢܐ ܢܪܣܝ ܛܘܒܢܐ ܡܢ ܣܗܪܙܘܪ ܟܦܪܐ ܗܘܐ ܢܟܦܐ ܘܡܙܗܪܐ: ܘܡܫܒܚ ܗܘܐ ܒܐܘܪܚܗ ܘܒܦܘܠܚܢܗ ܕܐܠܗܐ ܡܩܒܠܐ: ܘܟܪܣܛܝܢܘܬܐ ܡܘܠܦ ܗܘܐ ܘܡܫܪܪ ܡܢ ܩܠܝܠ ܒܝܘܡܬܗܘܢ ܕܟܠܗܘܢ ܐܝܬܝܗܘܢ ܗܘܐ. ܐܝܟ ܗܘܐ ܕܝܢ ܡܩܒܠܐ ܗܘ: ܡܠܟܐ ܫܟܢܗ ܗܘܐ: ܘܡܚܝܒܗ ܗܘܐ ܕܢܫܒܘܩ ܠܦܘܠܚܢܗ ܢܪܣܝ. ܘܐܝܟ ܗܘܐ ܠܗܘܢ ܟܦܪܐ ܗܘ: ܐܬܘܪܝܐ ܫܟܢܗ ܗܘܐ. ܗܘ ܗܢܐ ܡܢ ܕܫܠܚܐ ܕܡܓܘܫܐ ܐܝܬܘܗܝ ܗܘܐ. ܘܒܗܢܐ ܡܢ ܙܒܢܐ ܒܢܐ ܗܘܐ ܠܗ. ܘܟܠܗ ܡܠܟܐ ܡܓܘܫܐ ܐܬܐ ܐܝܟ ܕܢܬܒܥܐ ܡܢ ܗܝܡܢܘܬܗ. ܘܐܡܪ ܠܗ ܡܠܟܐ: ܕܟܠ ܠܒܪ ܡܫܝܚܐ ܠܐ ܡܣܬܒܪܢܐ ܐܝܟ ܠܝ ܘܐܦ ܠܐ ܠܥܡܐ ܕܒܗܘܢ ܡܬܚܙܝܢ: ܐܠܐ ܒܠܚܘܕ ܕܐܠܗܐ ܘܒܗ ܡܬܚܫܒܝܢ ܕܡܩܒܠ. ܐܘ ܗܟܝܠ ܐܢܬ ܒܕܫܠܚܐ ܕܡܓܘܫܐ ܒܢܘܪܐ ܘܒܫܡܫܐ ܘܡܗܝܡܢ ܐܢܬ ܠܐܠܗܐ ܡܬܬܟܠ ܐܢܬ ܘܐܦ ܡܬܠܒܒ ܐܢܬ. ܘܒܬܪ ܐܬܘܪܝܐ ܡܢ ܡܠܟܐ ܡܩܝܡܐ: ܕܐܢܐ ܒܠܚܘܕ ܠܡܪܝ ܘܠܐ ܕܐܢܐ ܘܐܦ ܘܟܠܐ ܕܐܬܟܢܝ ܠܝ ܡܠܟܘܬܐ. ܘܐܬܐ ܡܠܟܐ ܠܒܗ ܕܐܬܘܪܝܐ ܠܡܪܝܗ ܘܐܬܒܥܬ ܡܢ ܕܫܠܚܐ ܕܡܓܘܫܐ ܘܐܬܚܙܝ ܡܢ ܗܝܡܢܘܬܗ. ܘܢܩܒ

ܠܗ ܕܘܟܬܐ ܕܒܥܠ ܒܝܬܐ. ܘܐܡܪ ܠܗ ܡܘܒܕ ܡܓܘܫܐ: ܕܐܠܐ ܡܣܓܕ ܐܢܬ ܠܗ ܠܐܠܗܐ ܕܐܘܟܠ ܪܚܡܬܐ ܒܝܬܐ ܠܐ ܟܠܐ ܐܢܐ. ܘܡܣܓܕ ܠܗ ܐܠܗܐ ܘܒܢܐ ܒܝܬܐ.

ܘܡܢ ܒܬܪ ܙܒܢܐ ܩܠܝܠܐ ܟܠܐ ܐܘܕܥܘܗܝ ܠܡܘܗܦܛܐ ܡܢ ܦܬܓܡܐ ܕܡܠܟܐ ܘܐܡܪ ܠܗ: ܕܩܛܠܘܗܝ ܕܥܘܕܪܢܐ ܘܡܠܟܐ ܒܝܕܐ ܘܩܘܡ ܠܗܘܢ ܡܢ ܕܣܠܩܬܐ ܕܡܗܝܡܢܘܬܐ ܘܗܘܘ ܠܗܘܢ ܡܗܝܡܢܐ. ܐܠܐ ܗܘܐ ܠܗ ܦܘܪܣܐ ܡܢ ܩܕܡܝܢ ܕܐܝܬܘܗܝ ܐܝܟ ܡܢ ܡܗܝܡܢܘܬܐ ܕܠܟܠܗ ܠܡܓܘܫܘܬܐ ܕܐܘܩܡܗ. ܘܦܩܕ ܠܗ ܡܠܟܐ: ܕܐܠܐ ܡܩܛܠ ܐܠܐ ܒܐܘܠܨܢܐ ܘܒܫܘܢܩܐ ܩܠܝܠܐ ܢܦܘܩ ܠܗ ܡܢ ܥܠܡܐ ܠܟܠܗܘܢ ܕܐܗܦܟ ܐܝܟ. ܘܐܗܦܟܘ ܕܒܢܝܐ ܐܝܠܝܢ ܕܫܡܥܘ ܒܗ ܕܡܗܝܡܢܐ ܠܐ ܡܫܬܪܝܢ ܗܘܘ. ܘܐܗܦܟ ܠܟܠܗܘܢ ܠܐܘܪܚܐ ܘܐܡܪ ܠܗ ܠܡܘܒܕ ܡܓܘܫܐ: ܘܡܢ ܡܢ ܒܝܬܐ ܗܘܐ ܠܗ ܠܐܠܗܐ ܕܢܦܩ ܠܟ.

ܘܟܕ ܫܡܥ ܗܠܝܢ ܗܘܐ ܡܘܒܕ ܕܢܦܠ ܐܠܗܐ ܐܬܡܠܠ ܘܐܬܐ ܠܘܬܗ ܐܝܟ ܟܢܫܐ ܕܢܦܫܗ ܢܪܣܝ ܡܘܟܟܐ. ܘܟܕ ܐܡܪ ܠܗ ܡܘܒܕ ܕܗܕܐ ܐܠܗܐ ܠܗ ܕܢܦܩ ܡܢܗ ܐܠܗܐ ܘܢܦܘܩܘܢ ܡܢ ܒܝܬܐ: ܐܡܪ ܠܗ ܢܪܣܝ ܠܡܘܒܕ: ܕܐܠܗܐ ܠܐ ܢܦܠ. ܐܠܐ ܐܢ ܐܠܗܐ ܠܟ ܗܘ ܠܟ ܐܠܗܐ ܘܫܡܐ. ܘܡܟܝܠ ܕܘܟܬܐ ܐܡܪ ܐܢܬ ܠܟܘܢ ܘܙܒܢܐ ܐܢܬ ܡܩܠܐ ܕܐܠܗܐ ܕܐܘܟܠ ܪܚܡܬܐ ܐܝܟ ܐܢܬ. ܘܡܢ ܒܬܪ ܕܐܪܐ ܢܪܣܝ ܡܢ ܟܠܗ ܡܘܒܕ

ܐܚܕܘܗܝ ܠܡܓܘܫܐ ܕܢܣܒܘܢ ܩܕܡ ܐܣܛܘܢܐ ܘܐܪܓܙ ܘܩܛܠܘ ܩܕܡ ܐܣܛܘܢܐ ܕܠܗܘܢ. ܘܟܠܗ ܠܒܢܝܢܐ ܕܒܢܘܗܝ ܩܕܡ ܢܘܪܐ.

ܘܡܢ ܒܬܪ؛ ܝܘܡܬܐ ܩܠܝܠܐ ܐܬܐ ܢܪܣܝ ܠܡܕܝܢܬܐ ܠܡܚܙܐ ܐܢ ܠܐ ܒܢܝܐ ܕܢܦܩ ܡܓܘܫܐ ܘܐܫܟܚ ܕܒܢܝܢܐ ܒܢܐ ܒܝܬ ܢܘܪܐ. ܘܥܠ ܠܓܘܗ ܕܒܝܬܐ ܘܟܠܐ ܘܐܛܦܝ ܫܪܓܐ ܗܝ ܕܗܘܐ ܐܝܟ ܥܝܕܐ ܕܢܘܪܐ ܕܡܬܝܩܕ ܡܓܘܫܐ ܘܢܘܪܐ ܗܝ ܕܡܫܡܫܝܢ ܡܓܘܫܐ ܘܣܓܕܝܢ ܠܗ. ܘܐܦܩ ܠܒܪ ܫܪܓܐ ܘܡܐܢܝܗܘܢ ܕܡܓܘܫܐ ܘܫܕܐ ܠܒܪ ܘܩܒܥ ܘܐܬܐ ܒܗ ܒܢܐ ܘܫܠܡ ܒܗ ܨܠܘܬܐ. ܘܡܢ ܒܬܪ؛ ܩܠܝܠܐ ܟܕ ܐܬܐ ܠܗ ܡܓܘܫܐ ܗܘ ܕܗܘ ܡܪܗ ܗܘܐ ܘܐܫܟܚ ܗܘܐ ܕܡܕܒܪܐ ܘܫܘܦܐ ܕܒܝܬ ܘܡܠܝܐ ܕܡܫܡܫܝܢ ܘܫܕܝܢ ܠܒܪ ܘܒܥܐ ܢܪܣܝ ܗܝ ܕܢܚܙܐ ܠܗ. ܘܟܕ ܚܙܝܗ ܡܓܘܫܐ ܗܘ ܘܐܬܪܓܙ ܥܠܘܗܝ ܘܐܡܪ ܠܗ: ܡܢܘ ܗܘ ܕܥܒܕܗ. ܘܐܡܪ ܢܪܣܝ: ܐܢܐ ܒܢܝܬܗ ܕܐܠܗܐ ܠܫܘܬܐ ܕܡܫܝܚܐ ܠܗ ܘܬܘܒܢܐ ܠܐܦܝܗ ܘܡܪܩܐ ܐܢܐ ܠܗ. ܘܐܚܕܗ ܡܓܘܫܐ ܠܢܪܣܝ ܘܐܘܒܠܗ ܟܠܗ ܠܡܕܝܢܬܐ ܘܒܢܐ ܟܠܗ ܡܕܝܢܬܐ ܕܫܢܝܐ ܘܡܫܠܡܘܗܝ ܟܘܫܬܐ ܡܕܝܢܬܐ ܘܐܪܡܝܗ ܠܒܝܬ ܟܠܝܐ. ܘܐܫܬܠܡܘܗܝ ܠܡܓܘܫܐ ܘܐܢܫܘܗ ܠܡܠܟܐ ܘܡܗܝܡܢ ܐܚܐ ܘܐܠܗܘܢ ܡܠܟܐ ܠܗܕܐ ܐܕܘܪܦܪܘܒ ܕܗܘܐ ܕܡܓܘܫܐ ܘܐܠܒܘܗܝ ܩܪܝܒܘܗܝ. ܘܡܠܟܐ ܐܕܘܪܦܪܘܒ ܪܫܐ ܕܡܓܘܫܐ

ܠܢܪܣܝ ܛܘܒܢܐ ܡܗܝܪܐ ܕܝܢܐ ܘܐܡܪ ܠܗ: ܐܝܟܢܐ ܠܚܝܒܐ ܗܘܝܬ ܦܟܠܗ ܡܪܕܘܬܐ ܘܠܐ ܕܚܠܬ ܘܡܠܠܬ ܠܥܝܢܟ ܬܪܥܐ ܕܡܗܝܡܢܘܬܢ. ܘܐܦ ܒܢܝܢܐ ܕܒܗ ܚܪܒܬ ܗܘܐ ܠܡܒܢܝܘ ܘܠܐ ܕܚܠܬ ܡܢ ܕܝܢܐ ܕܡܠܟܐ. ܥܢܐ ܠܗ ܓܝܪ ܢܪܣܝ ܛܘܒܢܐ ܦܬܓܡܐ ܘܐܡܪ: ܡܢ ܟܡܐ ܘܠܐ ܠܚܝܒܘܬܐ ܡܢ ܐܠܗܐ ܕܒܪܐ ܐܢܫ ܠܡܠܟܐ ܘܦܩܘܕܘܗܝ ܟܠܐ ܦܠܚܝܢ ܒܢܝܢܐ ܐܘ ܡܢ ܡܠܟܐ ܒܥܒܕܐ ܕܡܫܝܚܐ ܐܝܬܝܗܘܢ ܘܟܠ: ܡܨܝܐ ܡܫܠܛ ܡܠܟܘܬܗ ܠܐܢܫܘܬܐ. ܠܟܢ ܘܠܐ ܗܘܐ ܠܚܝܒܘܬܐ ܕܡܢܗ ܕܠܥܒܕܬܐ ܕܐܠܗܐ ܠܐ ܢܚܘܣ ܠܐ ܐܝܠܝܢ ܠܗܘܢ. ܘܦܩܕ ܠܓܒܘܗܝ ܘܡܚܝܢܘܬܐ ܩܫܝܬܐ ܡܚܝܘܗܝ ܒܟܠܐ. ܘܐܡܪ ܠܗ: ܐܫܬܘܕܝ ܕܐܝܟܐ ܐܢܬ ܘܚܒܠܐ ܐܢܬ ܗܘ ܒܢܝܢܐ ܐܝܟ ܕܐܬܝܗܘܢ ܘܬܪܥܐ ܡܚܠܐ ܐܢܬ ܘܦܬܓܡ ܒܓܘܗ. ܘܡܬܟܬܫܝܢ ܥܡ ܡܓܘܫܐ ܘܡܬܟܬܫܝܢ ܥܡܗ ܢܨܚܢ. ܥܢܐ ܛܘܒܢܐ ܢܪܣܝ ܘܐܡܪ ܠܗ: ܡܓܘܫܐ ܘܠܐ ܡܬܒܝܢܐ: ܠܝ ܗܘܝܬ ܠܟܘܢ ܐܢܐ ܘܬܪܥܐ ܐܝܟ ܚܒܠܐ ܐܢܐ ܘܦܬܓܡ ܗܘ ܕܐܝܟ ܒܢܝܢܐ ܗܘܐ ܠܡܠܟܐ ܐܦܩܬ ܡܢ ܒܝܬܗ. ܐܠܐ ܠܐܝܠܐ ܐܢܐ ܟܠܐ ܐܠܗܐ ܕܟܠܗ ܦܠܚܝܢ ܐܢܐ ܕܬܪܥܐ ܡܢ ܒܢܝܢܗ ܐܦܩܬ ܘܡܝܬܬ ܕܐܝܟ ܠܒܝܬܗ ܠܐ ܟܠܐ. ܘܐܦ ܡܫܪܝܢ ܐܢܬܘܢ ܘܡܫܠܡܝܢ ܐܢܬܘܢ ܠܗ ܘܡܚܝܬܐ ܡܬܡܚܐ ܐܢܐ ܐܢܐ ܥܒܕܐ ܐܢܐ ܠܗ ܐܝܟ ܕܡܫܡܫܢܐ. ܘܐܬܒܗܬ ܒܗ ܐܕܪܦܪܙܓܪܕ ܡܓܘܫܐ ܕܡܬܒܗܬ ܒܬܟܝܠܘܬܐ ܡܗܝܡܢܬܐ ܘܦܩܕ ܠܓܒܘܗܝ ܕܢܣܒܘܢܗ ܩܕܡܝܬܐ ܘܠܐ

ܡܪܕܘ؛ ܢܫܬܘܣܦܘܢ ܠܗ. ܘܐܡܪ ܠܗ: ܕܐܢܬ ܐܢܫ ܠܥܒܕܐ ܕܠܐ ܕܚܠ ܠܥܡܐ ܟܠܗ ܗܘܝܬ ܠܗ ܘܡܪܗ ܐܪܦܝܗ ܘܥܒܕ. ܐܡܪ ܠܗ ܡܘܒܕܐ ܢܪܣܝ: ܕܠܐ ܗܘܐ ܥܒܕܐ ܕܥܒܕ ܐܠܐ ܕܗܘ ܕܥܒܕ ܡܢܗ: ܐܠܐ ܥܒܕܐ ܗܘ ܕܐܠܗܐ. ܘܦܩܕ ܠܗ ܐܠܗܐ ܡܫܬܥܒܕܝܢ ܡܪܬܐ: ܕܥܒܕ ܥܡܗ ܕܐܦܠܐ ܢܬܡܪ ܘܢܫܬܘܐ ܠܫܠܝܘܗܝ ܒܥܩܬܐ ܘܠܐ ܢܬܠܐ ܠܗ ܡܫܝܢܘܬܐ. ܘܫܕܪ: ܕܢܬܠܘܗ ܕܥܒܕ ܐܬܐܠ. ܡܛܠ ܗܢܐ ܐܦ ܐܢܐ ܕܥܒܕܗ ܐܢܐ ܕܐܠܗܐ ܢܬܠ ܗܢܐ ܕܥܒܕܗ ܘܡܢܗ ܕܠܐ ܘܠܐ ܗܘܐ ܕܥܒܕܘܗ ܢܫܬܡܥ ܡܢܗ ܐܦܟܬ. ܘܐܡܪ ܠܗ ܕܫܒܩܐ ܐܝܟ ܕܥܒܕܘܬܐ: ܕܐܠܐ ܐܠܗܐ ܕܗܢܐ ܗܢܘܢ ܘܗܘܐ ܠܟ ܡܪܕܘܬܐ. ܘܐܡܪ ܠܗ ܡܘܒܕܐ: ܥܡܪܝܢ ܒܥܒܕܝܟ ܥܒܕܝܢ ܘܒܪܡܐ ܠܥܡܐܐ ܡܪܕܘܬܐ ܐܢܘܢ. ܘܦܩܕ ܠܡܠܟܐ ܕܢܬܫܩܠ ܡܢܗ ܐܦܣܢܐ ܐܝܕܐ ܘܫܘܝܐ. ܘܗܘܐ ܕܝܢ ܣܓܝܐ ܢܪܣܝ ܒܐܝܕܐ ܕܡܘܒܕܐ ܫܪܝܪܐ ܕܝ ܐܫܬܪܝ ܗܘܐ ܒܩܕܝܠܐ ܡܫܬܐ ܥܠܘܗܝ ܒܣܗܕܐ ܘܦܬܟܠܐ. ܘܦܩܕ ܕܢܬܒܥܐ ܠܡܠܟܐ ܥܠܘܗܝ ܐܝܟ ܫܪܪܐ ܟܠܗ ܘܦܠܚܘܗ ܕܡܠܟܐ ܘܢܦܩ ܡܠܟܐ ܡܢ ܣܓܝܐ ܘܡܬܚܫܒܘܢ ܐܝܟ ܕܢܕܗ ܕܡܠܟܐ ܕܢܬܠ ܢܦܩ ܕܡܫܝܚܝܐ ܡܢ ܗܘ ܡܫܬܘܐ ܕܡܫܠܡ ܗܘܐ ܕܢܬܡܪܗ ܕܢܬܠܝܗ ܠܗ ܡܢܕܥܐ ܘܢܬܦܣܩ ܪܫܐ ܐܘܟܝܬ. ܘܐܦܩܘܗ ܠܒܪܐ ܠܡܕܝܢܬܐ ܠܡ ܒܬܪܐ ܕܡܫܝܚܝܐ ܡܢܗ ܕܣܓܝܐܐ ܘܐܬܟܢܫ

ܩܕܡܘܗܝ: ܘܐܡܪ ܡܠܟܐ ܕܢܦܩܘܢܗ. ܘܐܦܩܘܗܝ ܘܗܘܐ ܟܕ ܒܪܐ ܙܕܝܩ ܡܢ ܗܕܝܟ ܩܕܡ ܡܠܟܐ. ܘܟܕ; ܢܦܩ ܐܠܐ ܐܘܕܝܩ ܙܕܝܩ ܡܢ ܩܕܡ ܐܫܬܪܝ ܐܬܐ ܫܡܪܐ ܕܡܠܟܐ ܠܡܪܙܒܢܐ ܕܟܕ ܐܘܕܝܐ ܘܩܪܒ ܠܘܬ ܗܘܐ: ܕܐܢܫܐ ܐܝܟ ܕܣܒܪܘܢ ܟܕ ܐܫܬܪܝ ܐܦܣ. ܘܐܝܟ ܕܩܡܘ ܠܡܛܠ ܢܫܩܘܢ ܘܐܝܟ ܕܠܡܬܚܙܝܘ ܩܡܘ ܢܛܘܪܘܢ. ܢܪܣܝ ܐܝܟܐ ܕܐܬܚܙܝ ܗܘܐ ܢܘܪܐ ܡܢ ܐܚܝܘܗܝ. ܘܐܦ ܟܠܗ ܕܗܘܐ ܠܐ ܕܚܠ ܕܟܘܒܐ ܕܥܡ ܩܕܡܐ ܗܘܐ ܠܐ ܠܒܪ ܢܬܟܠ. ܘܐܦ ܐܘܕܝ ܕܠܒܪ ܘܐܦܣ: ܕܠܐ ܢܩܝܦ ܢܘܪܐ ܡܢ ܕܘܟܬܐ ܐܠܐ ܠܡܛܐ ܘܩܕܝܡ ܘܩܪܒ ܘܚܙܝ ܒܟܠܗ ܘܗܘ ܕܠܒܪ ܟܘܢܗ ܘܕܚܠ ܢܘܪܐ. ܘܟܕ ܫܡܪܐ ܕܡܠܟܐ ܐܬܩܪܒ ܗܘܐ ܩܕܝܡ ܡܪܙܒܢܐ ܟܡܪܐ ܢܘܢܩܗ ܕܡܠܘܫܐ ܗܘ ܕܠܗ ܡܠܟܝܢ ܗܘܐ ܩܪܒ ܠܗ ܡܪܙܒܢܐ ܠܡܠܘܫܐ: ܕܐܬܐ ܫܒܪܐ ܕܡܠܟܝܢ ܠܟ. ܘܢܩܦ ܡܠܘܫܐ ܗܘ ܩܡ ܩܕܡ ܡܪܙܒܢܐ ܒܪܘܚܐ ܕܟܪܐ ܘܐܬܐ ܠܘܬ ܟܪܘܒܗ ܕܠܡܘܫܐ ܢܪܣܝ ܘܐܡܪ ܠܗ: ܐܝܟܢ ܫܒܪܐ ܕܡܠܟܐ. ܘܩܡ ܟܪܘܒܐ ܘܐܬܐ ܠܒܪܐ ܟܕ ܕܐܬܚܙܝ ܗܘܐ ܠܡܘܫܐ ܢܪܣܝ ܘܕܒܪܗ ܘܢܩܦ ܠܡܬܘܪܐ. ܘܟܕ ܢܫܩܗ ܩܕܝܡ ܡܪܙܒܢܐ ܐܬܚܙܝܘܗܝ. ܘܢܩܦ ܡܪܙܒܢܐ ܕܟܕ ܚܙܐ ܠܡܘܫܐ ܢܪܣܝ ܠܡܬܪܐ ܫܡܪܐ. ܘܟܕ ܐܬܩܪܒ ܐܡܪ ܠܗ ܡܪܙܒܢܐ ܠܡܘܫܐ ܢܪܣܝ ܕܐܬܟܠ ܐܝܟ ܕܠܟܘܪܢܗ:

ܕܢܒܝܐ ܕܢܗܘܐ ܠܐ ܡܬܛܠܐ ܠܗ ܐܝܟ ܕܢܦܠܛܘܢܗ ܡܢ ܛܥܝܘܬܐ. ܐܡܪ ܠܗ ܠܡܘܒܕܐ ܢܪܣܝ: ܚܙܝ ܐܬܘܪܝܐ ܩܕܡ ܐܘܪܡܙܕ ܡܠܟܘܬܗ ܕܡܠܟܐ؛ ܕܢܫܐ ܐܫܬܟܚܬ ܒܬܪܟ ܚܙܝܐ ܕܡܬܬܠܐ ܠܟ: ܘܗܘܝܐ ܡܬܛܝܒ ܠܗ ܐܢܐ. ܟܕ ܗܘܐ ܐܡܪ ܠܗ ܡܘܒܕܐ: ܐܝܟ ܦܘܩܕܢܐ ܕܡܠܟܐ ܐܘܠܐ ܐܢܬ ܠܡܦܩܘ ܐܢܬ ܠܒܝܬ ܢܘܪܐ ܘܡܟܢܫ ܘܣܓܕ ܠܢܘܪܐ: ܘܣܝܡ ܐܢܬ ܒܗ ܒܣܪܐ ܘܐܦܝܢ ܡܢܗ ܢܘܪܐ ܘܣܓܕ ܐܢܬ ܠܗ. ܐܢ ܕܝܢ ܐܝܟ ܦܘܩܕܢܐ ܕܡܠܟܐ ܠܐ ܥܒܕ ܐܢܬ ܕܩܛܝܠ ܠܟ ܫܡܫܐ ܐܢܬ: ܕܓܘܢܝܢ ܡܬܚܫܒ. ܐܡܪ ܠܗ ܠܡܘܒܕܐ ܢܪܣܝ: ܘܡܪܝܐ ܐܢܐ ܡܫܡܫ ܘܐܚܪܢܐ ܐܘܦ ܐܢܫ ܠܐ ܣܓܕ ܐܢܐ. ܐܠܐ ܐܢܬ ܡܪܝܐ ܕܩܛܝܠ ܠܟ ܥܒܕ. ܐܡܪ ܠܗ ܡܘܒܕܐ ܐܢܐ ܗܘܝܐ ܐܠܦܬܐ: ܕܐܢ ܗܟܢ ܠܐ ܥܒܕ ܐܢܬ. ܒܪܡ ܕܝܢ ܠܡܘܒܕܐ ܢܪܣܝ ܒܩܠܐ ܪܡܐ ܘܐܡܪ: ܕܒܥܠ ܗܘ ܛܥܝܘܬܐ ܕܡܠܟܐ ܐܠܗܐ ܫܪܝܪ ܡܢ ܫܪܝܪ ܕܚܝܠܬܗ ܡܬܬܪܝܡ. ܘܩܡ ܠܘܬܗ ܕܢܫܩܝܗ ܐܝܟ ܢܛܘܪܐ. ܘܐܪܡܝܗ ܒܪܡܫܐ ܒܪܘܪܗ ܘܐܬܚܝܠ ܒܪܡܫܐ ܘܐܬܦܢܝ ܠܒܝܬܗ ܘܐܬܟܠܝ ܠܡܫܘܚܬܐ ܫܢܬܐ ܕܗܘ ܢܥܒܕ ܠܐܬܪ ܕܡܠܟܘܬܐ. ܡܘܒܕܐ ܕܝܢ ܠܒܪ ܡܢ ܡܕܝܢܬܐ ܗܠܝܢ ܐܝܬܘܗܝ ܗܘܐ. ܘܟܕ ܕܚܝܠ ܠܗ ܠܡܘܒܕܐ ܘܒܥܝܢ ܟܠܐ ܕܢܪܐ ܘܐܢܫܐ ܕܒܪ ܡܢ ܡܕܝܢܬܐ ܐܝܬܝܗ ܗܘܬ ܢܣ ܡܢ ܐܢܫܐ ܡܢܐ ܕܢܫܬܐ

ܐܦܣ ܠܗ. ܘܠܐ ܕܚܠ ܠܡܦܩܐ ܘܐܡܪ ܗܘܡܢܐ ܕܢܦܩܗ ܠܒܪ ܡܢ ܐܢܫ ܘܐܢܫ ܕܢܦܩܘܢ ܡܫܝܚܐ ܕܐܬܦܢܝ ܡܛܠ ܬܠܬܐ ܡܢ ܡܚܫܒܬܗ ܗܘܐ ܕܠܐ ܢܓܠܐ. ܘܟܕ ܠܒܬܪ ܐܝܟ ܫܥܬܐ ܕܡܕܒܪܢܘܬܐ ܘܫܠܡܬ ܠܗ ܕܝܢ ܐܢܦܘܬܐ ܡܗܝܡܢܘܬܐ ܐܬܚܝܠܬ ܕܡܪܐ ܘܕܝܢܐ ܒܟܢܫܐ ܡܗܝܡܢܘܬܐ ܘܕܡܫܟܚܐ ܚܒܝܫܬܐ. ܘܟܕ ܚܙܐ ܡܓܘܫܐ ܗܘ ܥܒܝܕܐ ܘܗܘ ܡܘܬܒܐ ܠܗ ܠܐܬܪܐ ܕܡܫܡܠܝܐ ܗܘܐ ܐܢܫܐ ܡܗܝܡܢܐ ܕܟܢܫ ܕܝܠܗ ܕܟܬܒܐ ܢܬܚܫܒܘܢ ܡܢܗ ܘܐܕܘܪܦܪܐ ܡܢ ܕܚܠܬܗ ܕܫܠܝܛܐ ܠܡܕܝܢܬܐ. ܗܘ ܕܝܢ ܛܘܒܢܐ ܢܪܣܝ ܟܕ ܚܙܐ ܕܐܕܘܪܦܪܐ ܡܓܘܫܐ ܐܬܟܒܪ: ܦܪܨܘܦܗ ܘܐܬܠܒܟ ܡܠܬܐ ܕܐܡܪ ܠܗ ܕܠܒܝܫ ܐܣܬܪܐ ܡܘܩܕ ܠܗ ܘܠܐ ܡܬܟܦܠܐ ܥܘܕܪܢܗ ܒܥܢܢܐ ܐܝܟ ܕܒܠܗܘ.

ܟܕ ܕܝܢ ܕܛܘܒܢܐ ܢܥܩܝܢ ܗܘܐ ܘܡܟܣܢ ܐܪܟܢ ܗܘܐ ܐܡܪ ܠܗ ܠܡܓܘܫܐ ܕܟܠܐ ܡܢܐ ܡܛܠܐ ܐܢܬ ܠܗ ܘܠܐ ܠܐܝܩܪܐ ܕܐܬܦܩܕܬ ܡܘܟܠܐ ܐܢܬ ܠܗ. ܘܐܡܪ ܡܓܘܫܐ: ܕܢܘܪܐ ܐܢܐ ܕܠܟܠܐ ܢܬܚܫܒ ܠܗ ܡܢܗ ܡܢ ܐܢܫܘܬܐ ܗܘܐ ܦܠܚ ܘܐܡܪܬ ܡܫܡܫ ܒܪܢܫܐ ܒܥܠܐ.

ܟܕ ܕܝܢ ܐܦܣܩܢܘܗܝ: ܕܐܢܫܐ ܡܢ ܠܗܘܢ ܦܘܩܕܢܐ ܕܡܠܟܐ ܠܐ ܦܠܚ ܗܘܐ ܠܐ ܟܢܝܫܝܢ. ܐܠܐ ܟܕ ܩܡ ܢܦܩܝܢ ܕܢܬܠ ܠܗܕܪܐ ܕܡܠܟܐ ܐܠܗܐ ܥܠܝܐ ܕܢܬܟܢܫ ܡܢܗ. ܘܟܕ ܚܙܐ ܛܘܒܢܐ ܕܐܕܘܪܦܪܐ ܡܓܘܫܐ ܕܐܬܚܠ ܕܐܬܩܢ ܒܐܬܪܐ ܢܘܪܐ ܫܪܝ ܠܗ ܡܫܪܐ ܕܒܐܬܪ ܡܣܓܕܘܬܐ ܕܒܝܬܐ ܘܡܣܓܕܢܘܬܐ ܡܣܬܪܐ ܗܘܐ ܘܐܬܪܐ ܒܝܕܘܬܐ ܕܟܢܫܐ

ܒܝܘܡܐ ܕܥܪܘܒܬܐ ܗܘ ܕܒܗ ܐܬܩܛܠܘ ܕܡܗܝܡܢܐ ܗܠܝܢ ܚܪܘܒܬܐ. ܘܟܕ ܡܛܝ ܠܥܪܘܒܬܐ ܗܘ ܕܒܗ ܢܦܠܘ ܒܓܠܠܐ ܕܪܟܘܫܬܗ ܒܢܝ ܥܕܠܘܬܐ ܗܘ ܕܩܪܒ ܠܟܘܠܬܗ ܘܫܡܗ ܢܒܠܐ ܕܟܪܝܗ ܗܘܐ ܕܡܠܘܟܘܬܗ ܢܦܫܗ ܕܥܘܬܐ ܡܦܪܢܣ ܗܘܐ ܕܢܪܣܐ ܘܫܡܥܐ ܐܝܟ ܕܥܒܝܕ ܢܟܠܠܐ ܘܫܘܬܐ ܡܢ ܒܝܬܪܐ ܢܟܪܐ.

ܘܟܕ ܕܝܢ ܗܘ ܣܝܪܐ ܕܠܗ ܐܚܝܕ ܗܘܐ ܒܝܬ ܐܣܝܪܐ ܚܕ ܕܐܬܝܗܒ ܗܘܐ ܒܥܠܡܐ ܦܪܣܝܡܢܐ ܕܝܠܝܗ ܗܢܘܢ ܘܟܠܗ ܙܢܗ ܕܛܘܒܢܐ ܢܪܣܝ. ܗܘ ܕܝܢ ܒܡܪܢܝܬܗ ܠܒܝܬܐ ܗܢܘܢ ܕܠܐ ܦܬܝܐ ܥܡܠܐ ܘܐܪܝܚ ܕܢܬܢܝܚܘܢ ܠܟܠ ܙܒܢ. ܡܪܝܐ ܕܝܢ ܚܙܐ ܠܬܘܪܬܗ ܕܟܠܐ ܘܝܗܒ ܠܗ ܠܡܪܐ ܗܘ ܚܝܠܐ ܕܐܠܗܐ ܐܝܟ ܡܐܩܘܠܐ ܠܬܪܝܢ ܡܢ ܐܪܒܥ ܐܪܢܝܗ ܘܥܠܝܢ ܕܐܪܒܥ ܫܡܫܘ. ܘܗܘܐ ܒܝܘܡܐ ܠܡܦܩܗ ܐܦ ܥܡܗ ܐܝܟ ܣܘܟܠܐ. ܘܐܬܐ ܡܢܗܘܢ ܗܘ ܠܐܣܝܪܐ ܘܟܕ ܕܗܢܘܢ ܢܪܣܝ ܘܠܗ ܠܛܘܒܢܐ ܢܫܠܡܠܐ. ܘܟܕ ܠܐ ܙܟܐ ܗܘܐ ܐܠܗܐ ܒܡܫܘܬܐ ܫܡܝܢܬܐ ܘܐܡܪ: ܕܚܝܠܐ ܐܢܐ ܕܠܡܐ ܢܬܦܠܓ ܐܝܟ ܕܒܣܬܪ. ܘܟܕ ܚܙܐ ܛܘܒܢܐ ܢܪܣܝ ܐܡܪ ܠܗ: ܩܘܡ ܐܬܦܠܓ ܒܟܢ ܘܠܐ ܬܕܚܠ. ܘܐܡܪ ܠܗ: ܐܢܐ ܡܠܐ ܐܢܐ ܡܫܠܡܠܐ ܐܠܗܐ ܘܠܝ ܐܡܪ ܐܢܐ ܕܐܫܬܘܦ ܒܝܘܡܐ ܪܒܐ. ܐܡܪ ܠܗ ܛܘܒܢܐ

ܗܘܐ ܠܗ ܕܢܫܬܒܩ ܗܘ ܐܠܐ ܕܡܫܬܪܐ ܕܡܢ ܡܢܗ. ܐܪܝܟ ܡܫܝܚܐ ܘܡܣܝܒܪ ܒܫܢܩܐ. ܘܐܢܐ ܐܦܠܐ ܐܢܐ ܐܝܟ ܙܒܢܝܢ ܘܐܝܟ ܟܬܒܐ ܠܘܬ ܐܠܗܐ ܘܠܝ ܢܫܡܬܐ ܠܝ ܡܣܝܒܪܐ ܗܘܝܐ ܕܡܐ ܠܐ ܬܩܦ ܠܝ ܠܐܠܗܘܬܐ. ܘܐܡܪ ܡܓܘܫܐ ܠܗ ܕܟܠܐ ܒܥܒܕܐ ܘܡܫܝܚܝ ܠܗܘܢ ܢܘܗܪܐ ܟܠܐ ܙܘܙܐ. ܘܢܦܠܐ ܟܠܐ ܐܦܝܗܘܢ ܥܠ ܐܪܥܐ ܠܡܪܢܐ ܘܐܬܐܡܪ ܠܗ ܡܠܟܘܬܗ ܕܫܡܝܐ. ܘܡܢ ܒܬܪ ܗܠܝܢ ܡܫܝܚܐ ܠܐܬܪܐ ܫܡܝܐ ܘܠܐ ܐܬܦܣܩ ܒܪܡܐ ܕܐܝܟ ܕܒܫܦܝܪܐ ܦܣܩܘܗܝ. ܘܡܢ ܒܬܪ ܕܐܬܩܛܠ ܛܘܒܢܐ ܢܪܣܝ ܒܪܡܫܐ ܕܝܘܡܐ ܐܪܒܥ ܡܫܘܚܐ ܗܘ ܫܒܝܐ ܘܐܪܥܐ. ܘܐܬܐ ܡܢ ܫܡܝܐ ܢܘܗܪܐ ܢܗܝܪܐ ܒܓܘ ܦܓܪܗ ܘܛܘܒܢܐ ܗܘܐ ܒܗ ܪܓܫܗ ܘܪܓܠܘܗܝ ܘܐܝܕܘܗܝ ܟܠܗ ܗܘܐ. ܐܝܟ ܕܒܗ ܗܘܐ ܠܛܘܒܢܐ ܘܫܦܝܪܐ ܠܒܘܫܗ ܛܒܐ ܘܐܬܚܙܝ ܢܗܝܪܐ ܕܗܘܐ ܡܢ ܡܪܘܡܐ ܐܝܟ ܫܡܫܐ ܕܪܘܚ ܕܒܪܐ ܠܗ ܗܘܐ ܠܗ ܡܢ ܪܘܚܐ ܒܫܡܝܐ ܘܡܠܐܟܐ. ܡܠܐܟܐ ܕܫܡܝܐ ܫܒܚܘ ܡܠܟܐ ܡܫܝܚܐ. ܘܠܐ ܡܫܬܡܥ ܗܘܐ ܡܠܐܟܐ ܐܠܗܐ ܚܝܐ ܢܗܝܪܐ. ܘܡܠܐܟܐ ܗܘܘ ܒܗܘ ܗܘܐ ܡܢ ܡܪܘܡܐ ܐܦܝܣܩܘܦܐ ܠܒܪܝܬܐ ܗܘ ܘܒܢܝܐ ܒܗܘ ܘܟܠܐ ܡܫܝܚܐ ܘܡܪܝܐ ܠܐܦܝܣܩܘܦܐ ܘܗܘܘ ܢܗܝܪܐ. ܘܐܬܓܠܝܘ ܠܥܠܡܐ ܕܢܗܝܪܐ

ܘܒܡܫܝܚܘܬܗ ܒܫܘܒܚܐ ܘܒܫܘܫܠܐ ܘܒܪܚܡܘܗܝ ܟܠܢܫܐ ܘܒܫܠܝܛܢܐ ܘܒܪܘܦܝܐ ܡܢܟܦܝܐ ܒܝܘܡܗ ܕܫܢܬ ܬܡܢܝܐ ܠܡܠܟܘܬܗ. ܘܟܕ ܗܘܐ ܕܘܟܝܐ ܗܘܐ ܐܡܪܢ ܐܝܟ ܠܡܫܡܥܘܬܗ ܕܢܝܚܐ ܗܘܬ ܗܘ ܐܬܪ ܕܡܫܘܢ ܐܝܟ ܗܘ ܕܫܠܡܐ ܕܣܓܝܐܐ ܡܫܬܟܚܐ ܕܠܐ ܢܫܠܡܘܢ ܐܝܟ ܘܢܬܟܠܘܢ ܒܗܘܢ ܘܐܢܫܝܢ ܫܠܡܘܢ ܕܢܬܦܫܩܘܢ ܕܐܬܚܙܝܬ ܡܫܝܚܐ ܘܡܘܗܒܬܐ ܕܫܟܝܢܐ ܘܠܐ ܗܘܝܬ ܕܠܘܬܐ ܗܘܐ ܐܝܟ ܠܒܘܬܐ ܘܠܐܡܘܬܐ ܕܬܪܝܢܐ. ܘܟܕ ܗܠܝܢ ܗܘ ܡܫܝܚܐ ܦܪܘܩܢ ܕܗܘܐ ܘܡܬܟܠܠܝܢ ܕܣܗܕܐ ܕܐܠܗܐ ܒܐ ܡܢܐ ܘܐܪܢܐ ܟܠܗ ܕܫܡܝܐ ܒܡ ܗܘܐ ܕܐܬܝܗ ܒܦܪܘܗ ܘܐܬܦܠܗ ܒܫܘܠܡܗ ܠܥܠܡ ܥܠܡܝܢ. ܐܡܝܢ.

De martyrio ʿAbdae et sociorum eius.

ܒܫܢܬ ܥܣܪܝܢ ܘܬܪܬܝܢ ܕܝܙܕܓܪܕ ܡܠܟܐ ܦܬܓܡܐ ܕܢܦܩ ܡܢ ܡܠܟܐ ܥܠ ܟܠ ܐܬܪܐ ܕܡܠܟܘܬܗ ܘܡܓܘܫܐ ܟܕ ܡܬܩܢܐ ܐܬܬܙܝܥܘ ܥܠ ܥܕܬܐ ܘܥܠ ܐܦܝܣܩܘܦܐ ܘܩܫܝܫܐ ܘܡܫܡܫܢܐ ܘܟܠܗ ܒܢܝ ܩܝܡܐ ܟܠ ܦܘܠܚܢܐ ܕܚܪܝܢ ܘܡܫܠܡܢܐ ܦܠܚܝܢ ܘܠܐܠܗܐ ܡܫܬܡܫܝܢ ܘܡܢܝܢ ܘܫܡܥܘܢ ܘܡܢܐ

ܡܒܐܫܝܢ ܘܡܬܩܠܝܢ ܕܒܝܬ ܢܘܪܐ ܕܗܘܝ ܡܗܝܡܢܝܢ ܘܠܢܦܫܗܘܢ ܕܠܐ ܚܐܣܝܢ ܡܢܗܝܢ. ܘܐܬܝܩܪ ܡܠܟܐ ܘܐܬܚܡܬ ܥܠܝܗܘܢ ܘܠܟܠܗܘܢ ܘܐܘܪܚܐ ܕܟܠܗܘܢ ܟܘܡܪܐ ܘܡܓܠܐ ܚܠܦܝܢ: ܕܐ ܗܘܝܢ ܕܥܡܗ ܐܢܐ ܗܘܝܢܐ ܐܝܢܘܢ. ܘܕܘܟܬܐ ܕܝܢ ܘܡܬܩܢܐ ܡܠܟܐ ܕܝܠܗܘܢ ܠܥܠ ܡܢ ܡܠܟܝܢ ܗܘܐ. ܘܡܢ ܗܕܐ ܦܘܩܕܢܐ ܢܦܩ ܡܢ ܡܠܟܐ ܕܒܥܠܕܒܒܘܗܝ ܐܝܬܘܗܝ ܕܢܬܬܣܝܡ ܘܡܢ ܐܠܗܐ ܘܫܡܫܐ ܕܥܒܕܘܗܝ ܐܝܬܝܗܘܢ ܘܢܦܩܘ ܘܡܬܬܢܐ ܠܥܒܕܘܗܝ ܘܡܠܟܐ ܕܐܝܟ.

ܘܡܢ ܦܘܩܕܢܐ ܠܢܘܗܪܐ ܡܫܬܠܡ ܗܘܐ ܘܠܟܘܪܗܢܐ ܕܡܠܟܐ ܐܫܬܡܥ ܗܘܐ ܕܡܬܥܒܕܐ ܠܗܘܢ ܕܗܘܝܢ ܡܬܚܫܒܝܢ ܡܢ ܡܬܩܠܘܢ ܡܢ ܐܪܡܝܢ ܠܟܘܪܗܢܐ ܐܝܟܢܐ. ܘܡܢ ܫܡܥ ܡܠܟܐ ܕܟܠܗܘܢ ܟܘܡܪܐ ܗܒܘ ܠܟܘܪܗܢܐ ܘܡܢ ܘܟܠ ܡܫܡܫܢܐ ܕܢܦܫܐ ܒܝܬ ܢܘܪܐ ܘܕܘܟܬܗ. ܘܡܠܟܐ ܐܝܟ ܡܠܟܐ ܘܐܡܪ: ܕܠܡܢܐ ܠܟܘܡܪܐ ܡܫܝܚܝܐ ܐܢܬܘܢ ܘܠܒܥܠܕܒܒܐ ܕܡܢ ܐܠܗܝܢ ܡܫܬܠܛܐ ܠܟ ܠܐ ܥܒܕܝܢ ܐܢܬܘܢ ܐܠܐ ܐܠܗܝܢ ܐܢܬܘܢ ܡܪܕܝܢ ܠܡܠܟܘܬܐ ܕܡܠܟܘܬܐ. ܐܡܪܝܢ ܠܗ ܩܕܝܫܐ: ܚܝ ܗܘ ܡܪܢ ܕܠܟܘܡܪܐ ܘܡܫܝܚܝܐ ܠܐ ܐܠܗܝܢ ܐܝܬܝܢ ܕܗܘܐ ܘܠܐ ܫܡܫܐ ܘܡܢ ܢܘܪܐ ܘܐܠܗܘܬܐ ܕܒܥܠܕܒܒܐ ܘܡܢ ܡܪܕܘܬܗܘܢ ܘܡܫܝܚܝܐ ܕܡܠܟܐ ܘܢܟܝܢ. ܐܠܐ ܚܝ

ܦܩܕܝܢ ܠܚܘܪܢܐ ܕܢܐܙܠ ܠܒܝܬܢܘܪܐ ܕܝܢ ܕܚܣܝܢܐ ܟܕܪܝܢ ܡܫܒܚܢܝܢ ܐܝܟ ܕܡܘܬܒܝܢ ܠܗ. ܐܡܪ ܡܠܟܐ ܠܡܪܝ ܥܒܕܐ ܐܦܝܣܩܘܦܐ: ܕܟܕ ܐܬܚܙܝ ܟܠ ܕܗܘܝܢ ܘܡܬܪܢܐ ܠܡܠܟܐ ܡܗܝܡܢܐ ܐܬܐ ܩܕܡܘܗܝ ܕܢܦܠܚܘܢ ܠܡܠܟܘܬܐ ܘܢܟܒܪܘܢ ܟܠܐ ܦܬܓܡܐ ܘܡܒܣܪܝܢ ܠܗ ܕܟܪܘܗܝ. ܒܝܬ ܗܕܝܢܐ ܘܡܬܩܢܐ ܕܒܝܬ ܢܘܪܐ ܕܗܘ ܐܒܘܗܝ ܕܐܒܘܗܝ ܕܠܐ ܢܦܩܘܢ ܡܫܒܚܝܢ ܠܗ ܐܬܘܗܝ ܡܩܒܠܝܢ ܘܡܠܦܝܢ. ܛܘܒܢܐ ܥܒܕܐ ܐܡܪ: ܡܛܘܠ ܕܐܫܬܥܝܬ ܡܛܠ ܗܕܝܢܐ ܗܢܐ ܡܢ ܡܠܟܘܬܟ ܕܡܪܢ ܠܐ ܫܡܝܥ ܠܝ. ܡܠܟܐ ܐܡܪ: ܐܢܐ ܠܗ ܛܥܝܢܐ ܘܦܠܚܐ ܐܡܪ ܐܢܐ ܡܫܠܐ ܘܡܢ ܦܪܝܫܐ ܢܦܩ ܗܘܝܢ. ܗܘܝܢ ܠܟܡ ܚܝܠܐ ܕܐܠܗܐ ܗܘܐ ܩܫܝܫܐ ܐܡܪ: ܚܢܢ ܡܫܡܫܝܢ ܕܐܠܗܐ ܠܐ ܡܣܓܕܝܢ ܘܠܐ ܠܡܫܡܫܐ ܦܪܣܝܐ. ܡܠܟܐ ܐܡܪ: ܠܘ ܟܕ ܫܡܫܐ ܐܠܐ ܐܝܟܢܐ ܕܗܝ ܩܕܡ ܗܘܘ ܚܙܝ ܕܢܘܪܐ ܦܬܟܪܐ. ܛܘܒܢܐ ܗܫܡܥܐ ܐܡܪ: ܢܘܪܐ ܗܘ ܩܦܐ ܕܒܪܢܫܐ ܘܗܝ ܠܐ ܢܒܗܬ ܒܡܠܟܐ ܕܐܠܗܐ ܐܡܪ ܕܡܪܝ ܡܠܟܐ ܡܫܬܐܠܐ. ܘܐܡܪ ܠܗ ܐܝܟ ܡܫܝܚܐ: ܕܐܢܐ ܐܫܠܐ ܠܟܘܢ ܦܘܩܕܐ ܘܡܫܡܫܢܐ ܐܝܟܢܐ ܕܠܐ ܬܦܫܘܢ ܠܡܦܩ ܠܡܘܬܐ ܕܦܘܩܕܢܝ. ܘܡܠܐ ܗܘܐ ܦܪܝܫܐ ܡܠܝ ܐܝܟ ܢܫܐ ܗܘ ܡܢ ܕܒܢܘܪܐ ܡܬܠܐܐ. ܡܠܟܐ ܐܡܪ: ܡܢܐ ܗܘ ܡܠܟܘܬܐ

ܐܘ ܡܪܝܐ ܕܚܠܦ ܙܒܢ ܡܫܬܐܠ ܐܢܬ ܘܚܠܦ ܚܠܦ ܠܟܘܢ ܐܢܬ ܛܥܝܐ. ܢܪܣܝ ܐܡܪ: ܐܝܬ ܡܫܝܚܐ ܒܪܐ ܕܐܠܗܐ ܚܝܐ ܕܟܠܗ ܕܢܘܪܐ ܥܒܕܘܗܝ ܘܡܫܡܫܢܘܗܝ: ܘܡܢܐ ܥܒܕ ܐܢܬ. ܡܠܟܐ ܐܡܪ: ܗܝܕܝܢ ܥܝܢܐ ܕܡܛܠ ܟܡܐ ܕܢܘܪܐ ܐܢܬ ܡܫܘܕܥ ܡܠܟܘܬܐ ܕܒܥܠ ܘܠܐ ܦܘܩܕܢ ܒܥܒܕܐ. ܠܡܠܟܐ ܗܘܫܥ ܐܡܪ: ܡܠܟܐ ܐܢܐ ܡܫܘܕܥ ܡܠܟܘܬܐ ܕܒܥܠ ܡܠܟܐ ܕܠܗ ܥܒܕܐ ܗܘ ܕܐܠܗܐ ܘܠܐ ܢܘܪܐ ܥܒܕܬ ܗܘ ܕܐܠܗܐ ܐܠܐ ܐܡܬܐ ܕܡܫܡܫܐ ܠܡܠܟܐ ܘܠܥܢܝܐ ܘܠܥܬܝܪܐ ܘܠܡܣܟܢܐ ܘܠܟܠܒܪܝܬܐ. ܘܟܕ ܫܡܥ ܢܛܝܪܐ ܡܠܘܗܝ ܡܠܟܐ ܡܠܬܐ ܕܡܫܬܥܠܝܢ ܗܘܘ ܐܠܗܐ ܐܝܟ ܫܪܒܐ ܕܟܠ ܥܡܡܐ ܕܥܡܡܐ ܘܠܫܢܐ ܕܚܫܒܘ ܥܡܡܐ ܕܚܝܐ ܠܐܣܪ ܡܢ ܥܒܕܐ ܕܐܠܗܐ ܐܠܗܐ ܘܚܠܦ ܡܠܟܐ ܢܟܣܝ ܘܢܐܣܪ ܡܢ ܥܒܕܘܗܝ. ܘܐܘܡܝ ܡܠܟܐ ܘܦܩܕ: ܕܢܣܒ ܥܠܝܗܘܢ ܠܡܠܟܐ ܡܠܟܘܬܐ ܗܘ ܕܢܘܪܐ ܘܐܡܪ ܠܡܢܘܢ ܐܝܕܐ ܕܡܟܝܢ ܕܟܠ ܡܠܟ ܥܠܝܗܘܢ. ܢܪܣܝ ܗܘܫܥ ܐܡܪ: ܠܐ ܥܒܕ ܐܘܪܚ ܡܠܟܐ ܠܡܠܟܝܢ ܕܟܕ ܥܒܕ: ܘܠܡܠܟܝܢ ܕܡܠܟ ܕܡܢ ܠܥܠ ܡܠܟ ܠܐ ܐܬܟܢܝ. ܡܠܟܐ ܕܐܦܠ ܕܡܠܟ ܥܒܕܐ ܡܢ ܡܠܟܐ ܕܟܕ ܥܡܪ ܘܡܫܡܫ ܡܢ ܡܫܝܚܐ ܐܝܟ ܕܟܕ ܡܠܟܘܬܗ ܗܘܝܐ ܙܒܢ ܘܡܫܠܡ ܥܒܕܐ ܡܢ ܢܘܪܐ ܕܟܠܗ ܡܫܡܫܝܢ ܐܢܬܘܢ. ܘܡܫܡܫܝܢ ܐܢܬܘܢ ܠܗ ܐܠܗܐ

ܗܘܐ ܕܠܒܘܫܐ ܕܪܘܚܢܝܐ ܪܘܚܐ. ܘܐܦ ܢܦܪܘܫ ܕܚܣܝܐ ܡܢ ܟܠܗ ܥܡ ܪܘܚܢܝܐ ܐܘ ܡܥܒܕ ܕܡܢܐ ܐܬܡܠܟܘ ܕܠܐ...

De beato Pambone.

ܥܡ ܥܒܕܐ ܛܘܒܢܐ ܐܝܬ ܗܘܐ ܐܦ ܛܘܒܢܐ ܦܡܒܘ ܡܠܦܢܐ ܘܪܒܐ ܕܐܦܝܣܩܘܦܐ ܕܝܘܣܩܘܪܘܣ ܘܕܐܡܘܢܝܘܣ ܘܕܐܘܣܒܝܘܣ ܘܕܐܘܬܝܡܝܘܣ ܘܕܐܘܪܝܓܢܝܣ ܒܪ ܐܚܘܗܝ ܕܕܪܐܩܘܢܛܝܣ ܕܗܘܐ ܐܦܝܣܩܘܦܐ. ܗܢܐ ܕܝܢ ܗܢܐ ܦܡܒܘ ܐܝܬ ܗܘܐ ܠܗ ܡܠܝܐ ܡܩܒܠܘܬܐ ܘܢܟܝܦܘܬܐ ܐܝܩܪܬܐ. ܘܟܕ ܚܟܝܡ ܗܘܐ ܐܝܬܘܗܝ ܗܘܐ ܡܠܠ ܕܗܘܐ ܘܡܠܠ ܒܐܠܗܐ ܐܟܚܕܐ ܕܐܟܚܕܐ ܡܠܟܐ. ܚܟܝܡ ܡܩܪܒܢܐ ܗܘܐ ܠܝ ܛܘܒܢܘܬܐ ܡܫܝܚܐ: ܕܟܣܪܐ ܠܗ ܕܡܬܝܬܐ ܕܡܢ ܕܗܘܦܟ ܠܐܠܟܫܝܪܐ ܡܥܟܒܐ ܠܐ ܘܒܪܘܚܘܗܝ ܕܗܘܐ ܛܘܒܢܐ ܦܡܒܘ ܐܝܟ ܕܐܡܠܟ ܠܝ ܛܘܒܢܐ ܐܘܝܣܛܘܪܘܣ ܩܠܝܬܗ ܗܘ ܕܐܦ ܐܘܟܠܝܢ ܕܐܘܗܝ ܠܡܪܬܐ. ܘܦܪܫܗ ܠܗ ܩܠܐ ܠܢ ܕܡܠܐ ܗܘܐ ܒܐܬܪܐ ܕܐܠܗܐ ܠܝܠܘܬܗ ܡܢ ܟܗܢܐ ܐܠܐ ܩܠܝܗ ܕܢܦܩ ܡܢ ܩܠܝܠ ܠܢܦܫܗ. ܗܢܐ ܕܝܢ ܟܕ ܫܡܥ ܗܘܐ ܘܢܛܪ ܠܒܝܬܐ ܕܐܚܝܐ ܐܪܒܥܝܢ ܫܢܝܢ ܘܐܡܪ: ܐܠܗܐ ܫܡܠܐ ܠܟܠ ܐܢܫ. ܘܐܡܪ ܠܟܠܗܘܢ ܕܢܗܘܘܢ ܐܘܪܚܝܢ: ܟܠܐ ܘܦܪܫܘܢ

ܒܟܠܗ̇ ܐܢܫܘܬܐ ܕܐܝܬ ܒܗܕܪܬܐ ܘܡܠܟܘܬܐ. ܘܒܚܝܡ ܪܡ ܕܢܬܐ ܡܫܒܚܐ ܢܬܚܙܐ. ܘܦܩܕܗ ܕܠܐ ܢܬܚܠܠ ܠܐܢܫ ܕܚܙܐ ܒܡܕܝܢܬܐ ܡܠܬܐ ܕܦܘܪܢܣܐ ܐܝܬ ܠܗܘܢ ܠܒܥܠܕܒܒܐ ܐܢܫ. ܐܬܐ ܕܝܢ ܠܗ ܡܢ ܡܫܘܚܬܐ ܗܘܝܬ ܡܫܡܫܢܐ ܐܝܟ ܕܐܬܟܪܝܘ ܐܫܬܡܥ ܡܠܝܐ ܕܟܘܬܐ ܕܡܫܘܚܬܐ. ܘܟܕ ܠܐ ܫܡܥܗ ܡܢܗ ܡܢܗ ܐܡܪܐ ܠܗ ܐܝܟ: ܡܢ ܗܘܝܬ ܚܕܐ ܕܡܠܬܐ ܗܘܬ ܕܐܬܟܬܒܬ ܒܠܗܘܢ ܗܘܬ. ܗܘ ܕܝܢ ܟܕ ܠܐ ܐܬܐ ܚܢܘܗܝ ܐܡܪ ܠܝ: ܟܕ ܐܬܐ ܠܗܘ ܗܢ ܕܡܢܟ ܠܗ ܢܦܫܝ ܡܛܠ ܠܐ ܡܫܬܒܚܐ. ܗܘ ܓܝܪ ܕܐܡܠܠ ܠܗܘܢܐ ܒܡܫܠܡܢܘܬܐ ܕܒܝܬܐ ܗܘ ܡܛܠ ܕܢܦܫܗ ܒܡܠܐ ܗܘ. ܐܠܗܐ ܓܝܪ ܠܝ ܢܦܫܐ ܗܘܝܬ ܠܗ ܠܫܠܝܐ ܡܘܕܥܐ ܗܘܝܬ ܠܝ ܒܟܠ ܡܛܠܬܗ. ܐܦ ܕܝܢ ܠܐܟܘܬܗ ܗܘ ܕܐܝܬ ܒܟܠ ܫܘܦܪܐ ܠܐܘܪܚ ܕܐܘܪܫܠܡ ܒܫܠ ܫܠܡ ܠܝ.

ܗܘܝܬ ܕܝܢ ܦܪܢܣ ܡܢܝ ܕܒܢܘܗܬܐ ܗܘܝܬ ܕܝܠܗ ܠܠܗܘܪܐ ܫܡܥ ܗܘ ܗܘܬ ܠܗܘܢܐ ܟܕ ܠܐ ܐܬܐܡܪܗ: ܐܠܐ ܟܕ ܫܐܠܗ ܐܫܬܪܝܐ ܫܡܥ ܓܒܪܐ ܟܕ ܫܡܥܝܢ ܫܠܝܡ ܕܠܐ ܐܫܬܐ ܘܠܐ ܒܐܬܐ. ܘܟܕ ܫܐܠܗ ܠܗ ܠܐܫܬܪܝܐ ܒܗ ܒܫܘܒܚܐ ܫܡܥ ܘܡܪܚ. ܘܟܕ ܫܐܠܗ ܘܫܠܡܗ ܐܡܪ ܠܝ: ܫܡܥܝܢ ܗܘܝܬ ܐܫܬܪܝܐ ܡܢ ܐܝܟ ܕܗܘܝܬ ܡܛܪܢܐ ܐܬܐ ܠܝ: ܡܢܗ ܓܒܪ ܐܚܪܝܢ ܠܝܬ ܠܝ ܕܐܫܬܦ ܠܝ. ܘܫܡܥܐ ܫܡܥ ܟܕ ܗܘܝܬ ܠܝ. ܘܦܪܢܗ ܠܥܠܡܗ ܒܫܠܡܐ

ܘܡܫܪܝܬܗ. ܘܗܘܝܢ ܫܩܝܠ ܡܢ ܡܕܒܪܐ. ܘܡܚܒܫܐ ܠܡܥܠܬ ܢܛܪܐ ܐܝܟ ܠܗ ܠܐܘܡܢܘܬܐ ܗܘ ܐܝܟ ܕܚܫܝܫܐ. ܟܕ ܕܝܢ ܫܡܥ ܗܢܐ ܗܘܐ ܦܪܝܫܐ ܦܡܒܘ ܡܢܗ ܚܕܘܬܐ ܡܠܐ ܗܘܐ ܘܡܫܒܚ ܗܘܐ ܠܡܪܝܐ ܝܬܝܪܐܝܬ ܐܦ ܗܟܢܐ ܦܫܝܛܐ ܘܪܘܚܢܐ ܘܐܦ ܗܟܢܐ ܟܠܗ ܫܪܪܐ ܕܐܢܫܐ: ܘܗܕܐ ܡܫܒܚ ܗܘܐ ܕܐܡܪ ܟܗܢܐ ܕܫܡܥ: ܕܡܢ ܡܘܬܐ ܠܗ ܕܐܬܐ ܠܡܕܒܪܐ ܗܢܐ ܘܚܒܝܒܐ ܦܘܪܫܐ ܗܘܐ ܕܡܕܒܪܐ ܟܗ ܠܐ ܢܟܣ ܐܢܐ ܕܐܬܒܝܬ ܒܫܡܝܐ ܕܡܢܗܝܢ ܕܠܐ ܡܢ ܠܐܘܠܐ ܕܐܝܬ ܐܝܬܘܗܝ ܗܘܐ. ܘܠܐ ܐܢܐ ܒܢ ܢܦܫ ܕܟܠܗ ܡܠܟܐ ܫܡܫܐ ܕܫܡܝܢ. ܘܗܘܝܐ ܐܬܐ ܐܢܐ ܠܗܐ ܐܠܗܐ ܐܝܟ ܗܘ ܕܒܝܫܐ ܠܐ ܦܪܝܫ ܡܢ ܒܝܬܗ ܐܠܗܐ. ܘܡܫܡܫ ܗܘܐ ܝܘܡܢ ܠܟܠܗܘܢ ܟܕ ܡܫܒܚ ܠܗ ܡܫܠܡܢܘ ܐܦ ܗܝܟܢ ܘܐܬܦܝܣ ܠܟܠܗܘܢ ܕܡܫܝܚܐ ܕܠܐ ܠܡܦܢܐ ܐܬܟܠܐ ܡܢ ܐܢܘ ܦܠܛܪܐ ܡܢ ܟܠܗ ܐܘ ܟܠܐ ܘܒܪܐ ܘܡܗܝܡܢܐ ܢܗܘܐ ܗܘܐ ܦܠܛܪܐ: ܐܠܐ ܕܠܐ ܠܗ ܒܝܫܐ ܐܪܙܐ. ܐܝܟ ܕܝܢ ܐܡܪܝܢ ܕܟܠ ܠܟܠܐ ܢܬܒܝܢ ܗܘܐ ܐܡܪ ܗܘܐ. ܗܟܢܐ ܒܟܘܠܗ ܫܢܝܐ ܦܘܫ ܦܠܛܪܐ ܟܠܗ ܗܘܐ ܐܡܪܐ ܕܟܠܗ ܒܪܘܚܐ ܫܢܝܐ ܠܐܝܠܝܢ ܕܡܢܗ ܡܬܐܡܪܢ ܗܘܝ ܐܝܟ ܕܡܢ ܐܠܗܐ ܡܫܬܠܐ ܗܘܐ. ܗܢܐ ܕܝܢ ܡܫܬܪܪܐ ܐܦ ܟܠܐ ܪܒܐ ܐܠܗܝܐ ܡܬܐܡܪܐ ܗܘܬ ܘܟܠܐ ܫܪܝܪܐ ܕܡܪܝܐ.

ܟܕ ܕܝܢ ܐܫܬܠܡܬ ܡܬܐܡܪܐ ܠܟܠܗܘܢ ܕܡܪܝܐ ܦܡܒܘ ܐܦ ܗܘܐ: ܕܡܛܠ ܠܗ ܒܝܫ ܐܝܠܐ ܟܕ ܟܕ

ܠܬܠܡܝܕܘܗܝ ܘܫܐܠܘܗܝ ܥܠܬܗ ܕܒܟܝܐ. ܘܒܬܪ ܦܡܒܘ ܕܝܢ ܐܡܪ ܠܗܘܢ: ܬܪܬܝܢ ܗܢܝܢ ܗܘܝ ܠܝ. ܘܚܕܐ ܡܢܗܝܢ ܐܒܕܢܐ ܕܢܦܫܗ: ܘܠܐ ܐܝܟ ܐܘܩܪ ܠܒܝ. ܘܗܘ ܕܝܢ ܥܠܝܗ ܡܫܬܒܚܐ. ܟܠܗ ܕܐܝܠܐ ܕܝܢ ܐܠܗܐ ܕܡܠ ܦܡܒܘ ܠܬܠܡܝܕܘܗܝ ܕܐܝܟ ܕܫܦܪ ܘܫܐܠܘ ܠܗܘ ܒܣܘܥܪܢܐ ܕܝܢ ܪܟܝܠܐ. ܘܟܕ ܐܫܬܐܠ: ܕܡܢܐ ܗܘܐ ܥܒܕܐ ܐܡܪ ܠܗܘܢ ܛܘܒܐ ܦܡܒܘ: ܕܠܐ ܐܘܦܪ ܠܒܝ. ܗܘܐ ܐܦ ܒܡܢܬܐ ܕܟܠܢܝܗ.

Initium epistulae Simeonis Betaršamensis.

ܢܘܕܥ ܕܝܢ ܚܘܒܟܘܢ ܪ̈ܚܡܝ ܠܡܫܝܚܐ ܕܒܝܪܚ ܟܢܘܢ ܐܚܪܝ ܕܗܘܐ ܫܢܬܐ [ܕܝܘܢܝܐ ܬܡܢ ܡܐܐ ܘܬܠܬܝܢ ܘܚܡܫ ܕܐܠܟܣܢܕܪܘܣ] ܢܦܩܢ ܡܢ ܚܝܪܬܐ ܕܢܥܡܢ ܥܡ ܡܪܝ ܐܒܪܗܡ ܩܫܝܫܐ ܒܪ ܐܘܦܪܣ ܗܘܐ ܕܐܫܬܕܪ ܡܢ ܝܘܣܛܝܢܘܣ ܡܠܟܐ ܕܪ̈ܗܘܡܝܐ ܠܘܬ ܡܘܢܕܪ ܡܠܟܐ ܕܛܝܝ̈ܐ ܕܢܥܒܕ ܫܝܢܐ ܥܡ ܪ̈ܗܘܡܝܐ: ܘܐܦ ܡܛܠ ܬܪ̈ܝܢ ܐܣܛܪܛܝܓܐ ܕܚܝܠ ܘܟܠܗܘܢ ܪ̈ܗܘܡܝܐ ܕܠܗܘܢ ܡܫܟܚܝܢ ܠܡܫܬܩܠܘ ܕܢܫܬܠܡܘܢ ܡܢܗ ܠܡܠܟܐ ܕܗܘ ܘܡܗܝܡܢܐ. ܘܗܘ ܡܩܘ ܒܗܘܢ ܩܪܝܒܐ ܕܡܛܠ ܐܦ

ܒܝܘ̈ܡܝܢ ܕܗܘܐ ܟܠܗܝܢ. ܟܕ ܚܙܝܢ ܗܘܝܢ ܒܢܝ̈ ܒܡܕܒܪܐ ܠܟܗ̈ܢܐ ܘܠܡܫܡܫ̈ܢܐ ܡܙܕܪܐ ܒܫܪܐ ܢܣܒܝܢ ܐܝܟ ܕܒܢܝ̈ܗܘܢ ܠܡܫܝܚܐ ܡܠܟܐ ܒܘܡܣܠܐ ܛܘܪ̈ܐ ܕܡܠܡܪܝܢ ܛܘܪ̈ܐ ܕܝܠܗ ܘܡܠܡܪܝܢ ܒܠܥܘܗܝ ܕܐܬܪܐ ܛܝܒܐ ܕܡܠܟܘ. ܘܟܕ ܥܠܝܢ ܒܡܥܪ̈ܬܐ ܕܡܘܪܝܘ ܦܪܝܢ ܗܘܘ ܟܕ ܛܝܒܐ ܢܝܫܐ ܘܡܕܒܪܐ ܘܐܡܪܝܢ ܗܘܘ ܠܗ ܕܛܝܒܐ ܒܗ ܐܝܬ ܠܟܘܢ ܕܐܒܕܬܘܢ ܟܕ ܢܘܟܪܝܐ ܘܟܘܠܐ: ܗܘܐ ܗܘ ܡܫܝܚܐ ܕܠܟܘܢ ܐܬܪܐ ܟܕ ܪܘܘܚܬܐ ܘܟܕ ܦܪܘܫܐ ܘܟܕ ܣܒܪܬܐ ܘܟܕ ܟܠܗܘܢ ܐܬܪ̈ܘܬܐ. ܘܟܕ ܒܝܘܡܝܢ ܘܐܝܟ ܗܘܝܢ ܢܒܥܐ ܡܠܢܒܥ ܗܘܐ ܗܘ ܡܢ ܐܒܪܗܡ ܡܢܫܐ ܐܦ ܣܡ ܒܟܠܗ ܟܕ ܛܝܒܐ ܢܦܫܐ ܘܟܕ ܡܕܒܪܐ ܢܓܡܠ ܠܗ ܒܥܠܬܐ ܕܒܠ ܘܢܝܫܐ: ܘܐܠܗܘ ܚܫܐ ܕܟܠ ܕܟܠܗܘܢ ܡܗܝܡܢܐ ܡܪ̈ܢܐ. ܐܬܐ ܚܙܝ ܒܡܪܢܚܬܐ ܕܠܝ ܐܝܟܢܐ ܟܕ ܡܠܟܐ ܘܣܒܝܪܬܐ ܒܥܠܐ ܡܘܢ ܡܠܟܐ ܕܚܕܬܐ ܘܐܬܝܗ ܒܗ ܐܢܫܬܐ ܕܡܠܟܐ ܟܠܗ ܡܥܒܘܪܐ ܟܕ ܡܘܕܐ ܟܘܦ ܘܐܝܟ ܒܢܝ̈ܢܐ ܥܣܪ ܒܥܠܐ ܢܙܥܛܝܬܐ ܕܟܠܝܗܝ ܡܒܝܬܐ ܕܣܒܝܪܬܐ.

ܥܒܕ ܒܗ ܕܝܢ ܗܘܝܐ: ܕܡܠܟܐ ܒܗ ܗܘ ܘܐܬܡܣܘ ܟܘ̈ܥܢܐ ܟܕ ܐܬܪܐ ܕܠܝ ܡܝܬ ܘܐܡܪ ܐܚܐ ܕܥܠܬܐ ܘܠܐ ܐܬܚܣܘ ܟܘ̈ܥܢܐ ܕܢܦܫܗܘܢ ܠܐܬܪܐ. ܡܢ ܐܝܠ ܐܫܬܦܠ ܒܠܐ ܟܠܗ ܐܬܪܐ ܕܣܒܝܪܬܐ. ܘܡܢ ܟܠܐ ܡܢܗܘܢ ܗܘܐ ܐܫܬܦܥܠ ܕܐܒܗ ܕܠܝܠܗܘܢ

ܡܗܝܡܢܐ ܐܘܟܝ ܡܢ ܐܬܪܐ ܟܠܗ ܕܚܡܝܪܝܐ ܐܘ
ܕܢܟܦܪܘܢ ܒܡܫܝܚܐ ܘܢܗܘܘܢ ܝܗܘܕܝܐ ܐܟܘܬܗ:
ܘܩܛܠܗ ܠܟܠܗܘܢ ܟܗܢܐ ܘܡܫܡܫܢܐ ܕܗܘܘ
ܬܡܢ: ܕܐܬܟܢܫܘ ܗܘܘ ܓܒܐ ܗܘ ܘܐܫܟܚܘ ܗܘܘ
ܠܗܘܢ ܕܟܠܗ ܗܘܘ ܬܡܢ. ܐܘܩܕܗ ܕܐܘܩܕ
ܘܐܠܨܢ ܐܝܟ ܘܩܛܠܗ ܐܝܟ ܕܠܗܘܢ
ܕܗܘܝܢ ܗܘܘ ܬܠܬܝܢ ܘܐܪܒܥܝܢ ܓܒܪܐ ܚܝܠܬ
ܡܢܗܘܢ ܘܥܠܡܝܬܐ. ܟܕ ܐܝܟ ܓܒܗܘܢ ܟܢܫܬܗ
ܚܝܠܗ ܕܡܫܡܫܢܐ ܘܢܚܬ. ܘܟܠܗܘܢ ܕܐܬܐ ܟܢܫ ܡܢܐ
ܘܟܢܫܝܢ ܠܟܢܫܐ ܚܠܠ ܘܐܪܟܗ ܠܒܢܝܢ ܡܕܝܢܬܐ
ܘܢܦܩܗ ܠܒܝܬ ܢܘܡܐ ܠܐ ܐܝܟܢ. ܘܡܢ ܩܕܡ ܕܠܐ
ܡܟܬܒܘܬܐ ܟܬܒܐ ܢܘܟܗ ܠܗܘܢ ܡܠܟܐ
ܕܝܗܘܕܝܐ ܕܠܐ ܢܦܠ ܠܗܘܢ ܡܚܒܐ ܕܝ ܡܠܟܝܢ
ܟܕ ܡܕܝܢܬܐ ܒܪܓܠܝܗܘܢ. ܘܥܗܘܪܐ ܐܠܡܟܪܗ
ܘܩܛܠܗ ܕܐܪܟܐ ܕܡܕܝܢܬܐ ܘܢܦܩܘ ܠܟܠܗܘܢ ܩܠܗܘܢ
ܕܝܠܗܘܢ. ܘܐܬܐܬܚ ܟܕ ܕܠܐ ܐܝܟ ܕܢܗܘܐ ܟܕ
ܡܢܝܢ ܠܟܠ ܡܗܝܡܢܐ ܕܒܝܬ ܟܬܒܐ ܘܟܬܒܗ
ܐܝܟ. ܘܐܟܬܒܗ ܐܝܟ ܩܛܠܗ ܕܢܗܘܢ ܟܕ
ܕܢܓܕܘܢ ܘܐܬܡܢܘܢ ܘܩܛܠܗ ܩܕܝܫܘܢ.
ܘܡܢ ܐܝܬܝܗ ܟܕ ܩܛܠܗ ܩܕܡܘܗܝ ܐܟܬܒܗ ܐܝܟ
ܕܢܫܘܢ ܟܕ ܠܟܠܗ ܐܦܣܩܘܢ. ܘܐܡܪܝܢ
ܗܘܐ ܟܕ: ܕܡܫܝܚܐ. ܘܠܐ ܗܦܟܬܗ ܐܝܟ ܒܪܢܫܐ
ܕܢܫܘܢ ܟܕ ܩܕܡܘ. ܘܐܫܟܚ ܐܝܟ ܠܡܫܡܫܢܐ
ܘܐܦܝܠ ܐܝܟ ܟܢܘܫܐ. ܘܐܦܝܠ ܐܦ ܓܒܗܘܢ

ܘܒܢܝܗܘܢ ܘܟܠܐ ܕܐܬܡܚܝ ܗܘܐ ܒܗ. ܘܒܠܐܪܝ ܐܠܨܐ ܐܝܟ ܕܢܟܦܪܘܢ ܒܗ ܒܡܫܝܚܐ ܘܒܪܝܬܐ ܘܢܗܘܘܢ ܝܗܘܕܝܐ ܐܝܟܘܬܗ ܘܠܐ ܨܒܘ. ܘܐܡܪ ܠܗܘܢ : ܕܗܐ ܡܠܟܐ ܕܝܗܘܕܝܐ ܟܬܒ ܕܟܪܣܛܝܢܐ ܐܝܬܝܗܘܢ ܗܘܐ ܡܫܝܚܐ. ܩܛܠܘܗܝ ܗܝܕܝܢ ܐܒܗܬܢ ܟܠܗ. ܕܒܛܠ ܗܝܕܝܢ ܐܒܗܬܢ ܩܡ ܕܘܘܡܢܐ. ܘܐܡܪܝܢ ܠܗܘܢ : ܕܠܐ ܐܬܒܝܫ ܠܟܘܢ ܕܐܬܟܦܪܘܢ ܟܐܬܒܘܐ ܢܒܝܘܬܐ ܕܥܡܫܢܐ ܘܐܘܪܚܐ ܐܦ ܠܐ ܕܐܬܚܪܘܢ ܠܫܡܫܐ ܘܠܣܗܪܐ ܘܠܟܘܟܒܐ ܕܫܡܝܐ ܐܘ ܠܢܘܪܐ ܡܢ ܟܬܒܐ ܐܠܐ ܕܐܬܟܦܪܘܢ ܒܝܫܘܥ ܗܘ ܕܥܒܕ ܢܦܫܗ ܐܠܗܐ ܘܐܡܪܝܢ ܥܠܘܗܝ ܕܟܪܣܛܝܢܐ ܐܝܬܝܗܘܢ ܘܠܗ ܐܠܗܐ. ܘܡܗܝܡܢܘܬܐ ܫܪܝܪܬܐ ܐܝܟ ܘܠܐ ܨܒܘ ܕܢܟܦܪܘܢ ܒܡܫܝܚܐ ܘܠܐ ܨܒܘ ܕܢܐܡܪܘܢ ܕܟܪܣܛܝܢܐ ܐܝܬܝܗܘܢ. ܐܠܐ ܒܫܠܡܗܘܢ ܐܡܪܝܢ ܗܘܘ : ܕܐܠܗܐ ܗܘ ܘܒܪܗ ܗܘ ܕܡܫܝܚܐ . ܘܩܪܒ ܠܗܘܢ ܕܢܩܛܠܘܢ ܣܠܩܘܢ. ܗܘ ܕܝܢ ܕܫܡܗܘܢ ܗܢܘܢܐ ܩܠܝܠܐ ܠܦܘܩܕܢ ܥܒܕ ܕܢܥܐ ܗܘܐ ܐܬܦܪܠܐ. ܘܐܬܡܠܝܘ ܩܠܗܘܢ ܕܥܡܗܘܢ ܘܡܫܪܝܐ ܕܝܢ ܒܪܗܡ ܘܐܬܠܚܡܘ ܘܠܐ ܕܚܠܘ ܩܪܒ ܠܚܝܠܗܘܢ. ܘܡܦܩܢ ܕܟܠ ܐܢܫ ܕܡܫܬܡܥ ܢܬܩܛܠ ܐܘ ܢܟܦܘܪ ܒܡܫܝܚܐ ܘܢܗܘܘܢ ܝܗܘܕܝܐ ܐܝܟܘܬܗܘܢ.

ܘܟܕ ܚܙܐ ܗܘܐ ܗܘ ܕܝܢ ܠܗ ܠܒܪܘܗܝ ܢܚܝܫ
ܗܘܐ ܠܗ ܠܡܣܬܪܘܩ ܒܢܫܐ ܐܦ ܡܛܠܬܗ
ܘܐܡܪ: ܕܗܐ ܡܢܦܬ ܢܦܩ ܟܠܐ ܕܐܦܣܬܠ ܡܢ
ܒܢܬ ܕܝܠܗ ܕܡܗܝܡܢܘܬܐ ܕܢܝܚܝ ܘܐܬܬ ܠܡܣܘܡܗ
ܘܐܦ ܫܡܥܘܢ ܒܪܬܐ ܐܝܟܢ. ܐܠܐ ܟܠܐ ܕܒܪܟܐ ܐܢܬ
ܐܠܦܘ ܠܗ ܡܛܠܬܗܘܢ ܘܐܡܪ ܐܢܐ. ܗܘ ܕܝܢ
ܕܡܟܐ ܚܝܠ ܠܗ ܕܫܡܥܘܢ ܒܪܬܐ ܐܝܟܢ
ܣܝܒܐ ܡܣܝܐ ܕܐܬܬܢ ܠܚܝܠܬܗ: ܠܝ ܡܢܚܬܐ
ܐܢܐ ܡܛܠܬܗ ܕܡܝܬܐ ܕܠܐ ܠܡܣܡܟ ܠܗܘܢ
ܠܣܝܩܘܬܐ.. ܠܡܪܬܐ ܕܝܢ ܕܢܦܩ: ܐܝܬܐ
ܐܢܫ ܐܝܟ ܕܐܬܚܙܝܬ ܚܠܝܠܘܬܗ. ܘܐܝܟܢ
ܕܡܢ ܚܢܦܘܬܐ ܡܫܝܚܝܐ ܢܦܩܬ ܢܩܕܫܬܐ ܘܒܪܢܫܐ:
ܘܐܝܟܢ ܕܠܐ ܡܢ ܢܦܫܐ ܠܡܐܬܐ ܐܝܟ ܕܠܗܐ
ܚܠܝܠܘܬܗ. ܗܦܟ ܕܝܢ ܐܝܟܢ ܕܠܐ ܡܢ ܡܢ
ܐܝܟܢ ܕܡܢ ܘܐܬܝܠܕ ܡܛܠܬܗܘܢ.. ܘܗܘܐ
ܕܝܢ ܟܠ ܡܢ ܦܘܩܕܢܐ ܗܘܐ ܡܫܠܐ ܗܘܐ.
ܡܣܝܐ ܒܙܐ ܗܘܐ ܠܒܪܘܗܝ.... ܣܓܝܐ ܕܢܦܩ
ܚܡܪ ܗܘܐ ܘܐܬܚܝܠ ܕܡܬܐ ܕܢܚ ܡܢ
ܕܢܝܚܐ ܕܐܣܝܘܗܝ. ܘܚܝܠܐ ܗܘܐ ܠܟܠܗܘܢ ܗܘ
ܕܝܢ ܟܠܐ ܘܡܢ ܗܘܐ ܘܡܠܝܐ ܠܡܣܘܡܗ ܘܐܡܪ
ܠܗܘܢ: ܗܘܐ ܡܢܐ ܟܕ ܐܬܚܙܝܬ ܚܠܝܠܘܬܗ:
ܗܦܟܝ ܕܡܢܗ ܡܫܝܚܝܐ ܗܘܐ ܡܢܗܘܢ ܘܠܐ ܐܦܣܬܠܘܗ

ܠܡܠܟܐ ܘܒܥܐ ܠܗ ܙܒܢܐ ܘܝܗܒܘ. ܗܘܐ ܡܠܟܐ ܕܠܐ ܐܬܦܝܣܘ ܫܒܩܘ ܒܫܠܡܐ: ܕܠܐ ܢܗܘܘܢ ܐܝܟ ܫܒܝܐ. ܠܐ ܡܢܝܢ ܗܘܘ ܐܢܫܝܢ ܠܡܦܪܩܢ ܒܩܛܠܘܬܗܘܢ ܕܗܢܘܢ: ܕܡܠܟܐ ܗܘܘ ܐܢܫܝܢ ܐܝܟ ܕܐܡܪܘ ܗܢܘܢ ܕܐܬܩܢܝ ܡܫܝܚܝܘܬܐ. ܐܠܐ ܗܘܐ ܡܫܐ ܐܝܟ ܢܒܝܫܬܐ ܦܪܝܫ ܫܢܝܢ ܘܡܫܚܢ ܠܗܝܢ ܫܢܐ. ܘܐܦܠܬܢ ܠܡܠܟܬܐ ܗܘ ܕܡܢ ܠܗܘܢ ܕܚܝܢ: ܒܡܫܝܚܘܬܗܘܢ ܘܒܡܦܩܢ ܒܢܦܫܐ ܒܪ ܡܪܝܦ ܗܘ ܕܐܡܪܝܢ ܐܢܫܝܢ ܕܡܫܝܚܐ ܗܘ: ܡܠܟܐ ܕܫܡܝܐ ܗܘ ܡܫܝܚܐ ܐܝܟ ܟܠܗ. ܘܡܢ ܕܝܢ ܠܐ ܡܘܬܐ ܠܗܝܢ: ܐܢܫܐ ܕܐܦܠܐ ܠܗܘܢ ܠܡܠܟܬܐ ܐܬܐܡܪ. ܘܗܘܝܢ ܟܠܝܬܗ ܗܘܝܢ ܠܗܝܢ ܬܩܘܦܬܐ ܘܢܦܫܬܐ ܘܠܐ ܐܫܬܟܚ ܘܪܒܢ ܒܡܢܐ ܠܡܠܟܘܬܐ ܘܬܗܘܝܢ ܠܗܝܢ ܟܠܗ ܡܢ ܟܠ ܕܐܬܪܐ ܠܐ ܢܫܬܪܝܢ (textus: ܢܫܬܪܝܢ) ܠܗܝܢ.. ܡܢܗܝܢ ܘܐܡܪܢ ܠܗ ܟܠܗܘܢ ܕܢܗܘܐ ܠܗ ܕܢܬܒܥܐ; ܡܢ ܘܐܠܗܐ ܢܦܫܐ ܡܫܝܚܐ: ܡܠܟܐ ܕܐܠܗܐ ܗܘ ܘܡܬܒܥܐ ܕܟܠܐ. ܘܗܘ ܦܪܩ ܡܢ ܡܘܬܐ ܗܘ ܕܠܥܠܡ. ܘܟܠܝܬܗ ܢܗܘܐ ܠܗ ܕܢܪܘܡ ܐܘ ܕܢܬܦܬܚܘܢ ܡܠܟܐ ܕܠܗ ܢܦܫܢ ܦܘܪܩܢܐ ܡܢ ܟܠܐ ܡܫܝܚܐ ܐܠܐ ܦܪܝܢ ܒܡܠܟܘܬ ܘܡܢ ܘܟܠܐ ܕܡܠܟܝܢ ܠܗܘܢ: ܬܩܘܦܐ ܕܠܒܒ ܡܪܗܘܢ. ܘܡܢܝܢ ܕܐܝܟ ܡܝܬܘ ܟܠܗܝܢ ܢܦܫܬܐ ܕܢܦܫܬܗ ܘܐܦ ܚܕ ܚܕܐ ܡܫܝܚܐ ܐܠܗܐ... ܗܘ ܕܝܢ

ܘܡܢ ܬܠܡܝܕܬܐ ܡܢ ܚܕܐ ܗܘܬ ܕܦܠܚܘܗܝ ܐܪ̈ܒܥ ܠܟܘܢ ܘܡܢ ܩܕܡ ܗܘܝܢ ܦܠܚܢ ܠܐ ܫܒܩ ܗܘܐ ܠܗ ܡܦܩ ܒܪܘܚܐ ܘܐܝܟ ܗܕܐ ܐܠܐ ܒܡܦܩܬܐ ܢܦܫܗ ܢܦܠܬ ܘܡܢ ܕܝܢ ܢܦܫܗ ܕܟܠܐ ܦܘܡܐ ܕܟܠܐ ܘܢܦܩܬ ܐܟܣܢܝܬܐ ܘܢܦܫܗ ܒܫܠܡܐ ܠܐܠܗܐ ܘܢܦܩܬ ܟܕ ܗܘܬ ܘܐܦ ܗܘ ܟܠܐ ܐܪܥܐ ܕܗܕܐ ܡܢ ܠܟܢ ܘܚܕܐ ܕܝܢ ܡܫܡܫܢ ܘܩܡܬ ܗܘܬ ܘܚܕܐ ܚܕܐ ܢܦܩܬ ܒܦܬܓܡܐ ܗܘܝܢ ܒܟܠܗ ܚܕܝܘܬܐ. ܘܡܬܩܪܝܢ ܡܫܡܫܢ ܘܗܘܬ ܐܝܟ ܕܫܒܩܬ... ܐܘܒ ܕܝܢ ܕܠܐ ܡܬܢܚܬܐ ܐܟܠ ܗܘܬ ܠܗܝܢ ܕܢܦܩܢ. ܩܕܡ ܕܝܢ ܡܫܬܡܠܝܢ ܠܐ ܗܘܬ ܟܠܗܝ ܕܠܐ ܦܘܩܕܢܝ ܗܘܝ: ܐܠܐ ܟܕ ܦܘܪܫܢܗ ܕܡܫܝܚܐ ܠܗܘܢ ܕܦܠܚܘܗܝ: ܒܟܠܗ ܚܕܐ ܡܢܗܝܢ ܒܦܬܓܡܐ ܗܘܬ ܡܢܗ ܕܝܢ ܒܝܫܬܐ ܡܦܩܢܐ ܗܘܬ ܦܫܝܛܐ ܚܠܦ ܥܘܕܪܢܐ ܡܦܝܣܐ ܗܘܬ ܡܫܝܚܐ ܠܗ ܗܘ ܡܦܪܥ ܗܘܬ ܠܗ ܘܒܦܠܚܘܗ ܘܟܠܐ ܘܦܠܚܝܢ ܠܗܘܢ.. ܟܕ ܕܝܢ ܗܘ ܘܡܢ ܡܫܬܐ ܚܕܐ: ܕܒܥܡܪ ܦܘܚܬܐ ܕܡܦܪܫܬܐ ܠܐ ܐܫܬܚ ܘܐܦܠܐ ܚܕܐ ܡܢܗܝܢ: ܘܠܐ ܗܘܘܐ ܟܠܗܝ ܐܠܐ ܐܘܦ ܕܡܢܗܝܢ ܒܦܠܚܘ ܘܟܠܗ ܘܒܟܠܐ ܘܦܠܚܝܢ ܠܗܘܢ ܫܡܥ ܗܘܬ ܚܕܐ ܠܡܫܝܚܐ ܘܡܫܡܫܢ ܦܠܚܘܗ ܘܐܡܪ: ܒܬܪܟܢ ܘܒܬܪܝܢ ܘܐܦܠܐ ܚܕܐ ܐܫܬܒܩܬ ܘܡܦܪܐ ܒܡܫܝܚܐ ܐܠܐ

ܘܐܦ ܟܚܕܐ ܡܢ ܟܠܗܘܢ ܡܬܚܡ ܣܝܒܪܬܐ ܒܢ̈ܬܐ ܡܪܘܕܐ ܘܐܡܗ̈ܬ ܕܡܫܝܚܐ ܐܠܗܐ ܗܘ ܠܡܦܪܘܕܐ ܒܢܘܗ ܘܢܦܫܬܐ ܘܡܦܩܬ ܠܗ ܘܡܩܒܠܐ ܕܡܠܟܝܢ ܠܗ. ܐܠܐ ܡܠܟܐ ܕܡܫܪܝܬܐ ܐܢܫ ܡܫܠܛܝܢ ܥܠܘܗܝ ܥܠܦ ܟܒܪ ܕܐܦ ܐܢܐ ܐܡܥܡܕ.. ܗܘ ܕܝܢ ܣܘܣܡܘ ܠܦܬܐ ܥܠܝܗ ܗܘܬ ܠܗ. ܘܡܨܒܝܢ ܕܝܢ ܕܢܦܠ ܐܝܠܝܢ ܒܢ̈ܬܐ ܡܪܘܕܐ ܕܐܝܟ ܗܢܐ ܩܛܝܠܐܝܬ ܠܡܠܟܘܬܗܘܢ ܢܓܫܢ ܗܘܝܐ ܡܛܠ ܕܐܦ ܗܕܝܢ ܟܕ ܟܕ ܠܦܩܕܐ ܐܝܟ ܕܡܫܝܚܘܢ. ܘܡܢܝܢܐ ܩܦܠ ܗܘܐ ܗܘ ܠܟܠ ܘܗܝ ܕܡܠܟܘܢ ܢܩܦܘ ܗܘܘ ܐܝܟ ܕܩܦܠ ܡܠܟܗ ܕܣܦܪܐ. ܘܐܚܪܝ ܠܗܘܢ ܐܚܪ̈ܢܐ ܕܡܠܟܐ ܠܗܘܢ ܠܡܠܟܐ ܗܘܬ ܚܕܐ ܡܢܗܘܢ ܡܢ ܐܚܪܝܢ. ܘܟܕ ܢܩܦ ܗܘܘ ܡܢ ܕܡܠܟܝܢ ܠܩܪܬܐ ܠܢܘܦܪܐ ܚܕܐ ܕܡܠܟܬܐ ܚܘܢ ܟܢܘ ܕܐܪ̈ܐ ܘܡܫܠܠܝܢ ܠܐ ܥܒܕܪܝܢܘܢ ܠܡܐ ܡܠܟܗ ܗܘܘ ܘܡܠܟܬܐ ܐܢܫܝ̈ܢ ܦܪ̈ܫܐ ܘܐܪ̈ܚܘ ܐܝܟ ܕܐܡܠܟܘ ܗܘܘ ܡܠܟܗ ܡܘܥܕܥܕܘܣ ܕܡܠܟ ܗܘܐ ܟܐܪ̈ܚܘܢ ܠܗ ܠܚܘܕܝܢ: ܘܡܨܒܝܢ ܕܐܦܠ ܚܕܐ ܡܢܗܘܢ ܐܬܦܫܬ ܘܐܬܚܦܪ ܘܐܬܐܠ. ܠܐ ܕܘܟܝܬܗܘܢ ܠܡܫܠܡܘ ܡܪ̈ܢܐ ܕܟܝܢܬ ܡܢ ܕܡܠܟܗܘܢ ܐܦܫܛ ܐܢܫ ܕܐܦ ܥܒܪܬܐ ܕܠܡܦܪ̈ܢܘܬ ܕܝܠܗܝܢ ܢܣܒܢ ܘܡܪܘܕܘܬܗܝܢ.. ܟܕ ܕܝܢ ܩܡܥܝܢܐ ܗܢܐ ܥܒܕܐ ܗܘܬ ܗܝ ܕܝܢ ܡܠܟܬܐ: ܐܡܪܐ ܗܘܬ ܠܗܘܢ ܒܫܒܬܐ ܕܡܪ̈ܢܐ ܡܢܗܘܢ

ܕܦܩܘܕܐ ܕܠܦܐ ܕܡܠܟܐ ܠܟܘܢ ܐܠܨܘܦ ܗܘܬ.
ܚܕܐ ܡܢܗܘܢ ܘܡܫܒܚ ܗܘܬ ܘܐܡܝܢܐܝܬ ܘܐܦ ܠܐܪܥܐ
ܕܡܫܝܚܝܐ ܡܫܡܫܝܢ ܡܠܟܘܬܐ ܘܐܦ ܡܬܢܚܐ ܗܘܬ
ܘܥܠܝܐ ܗܘ ܠܘܬ ܐܪܥܐ ܕܡܫܝܚܝܐ. ܘܗܘܝܢ
ܥܡ ܠܒܢܝܐ ܐܠܝܢ ܕܐܝܬ ܗܘܘ ܠܥܡܗ ܕܠܗܡܢ
ܠܦܪܨܘܦܝ ܐܢܫܝ ܡܗܝܡܢܐ. ܘܡܫܝܚܐ ܥܡܗ ܗܘܐ ܗܘܐ ܘܒܢܦ
ܡܢܬܐ ܘܢܦܩܝܢ ܗܘܘ ܡܢܗ ܘܡܚܠܨܝܢ ܐܝܟ
ܘܐܢܐ ܢܟܦܘܢ ܘܢܦܫܐ ܡܗܝܡܢܐ ܘܐܪܥܐ ܕܠܐ
ܢܬܟܦܘܢ.. ܘܥܡ ܡܥܒܕܢܘܬ ܚܝܠܐ ܕܢܦܩܐ ܡܢ ܐܪܐ
ܟܠܐ ܩܪܒ ܗܘܝܐ ܕܠܐ ܥܠܬܐ ܩܪܝܒܝܢ ܗܘܘ
ܡܗܝܡܢܐ ܣܓܝܐܐ ܡܢ ܟܠܗܘܢ ܘܡܠܟܘܬܝܢ
ܡܢܗܘܢ ... ܗܘܝܢ ܕܝܢ ܐܣܗܕܘܗ ܕܡܫܝܚܐ.
ܐܢܬܘܢ ܠܟܠ ܥܡܐ ܡܬܥܡ ܗܘܐ ܡܢ ܐܦܪܝ:
ܡܫܝܚܐ ܐܠܗܐ ܐܢܐ ܠܟܘܢܝܢ. ܡܢ ܢܦܫܐ
ܡܫܝܚܐ ܚܕ ܟܠܟܢ ܒܢܝܐ ܗܢܐ ܘܠܐ ܐܬܗܦܟ
ܡܠܝ ܐܠܐ ܗܘ ܟܕ ܚܝܠܐ ܕܢܟܠܝܢ ܠܝܗܘܕܝ
ܗܪܐ ܒܫܘܪܬܐ ܕܡܠܟܐ + ܘܢܦܠܐ ܘܩܪܒ +
ܘܐܦ ܚܠܦ ܠܐܢܫܝ ܕܡܢܗ ܡܠܟܐ + ܘܡܢܗ
ܟܕ ܚܙܝܢ ܘܩܛܠܐ ܕܚܝܠܐ ܕܢܦܫܗ ܒܝܬ ܢܝܠܐ
ܘܡܢܗܘܢ ܡܢܗܘܢ .. ܟܠ ܕܝܢ ܗܠܝܢ ܕܐܝܬ ܗܘܘ
ܠܡܗܘܢ ܒܢܝܐ ܥܒܕܐ: ܗܟܢܐ ܗܘܐ ܐܝܟ ܟܠܐ
ܐܪܥܐ ܘܡܥܒܕ ܐܝܟ ܕܟܠܗ ܥܡܗܘܢ. ܘܡܥܒܕ
ܗܘܐ ܘܐܦ ܗܠܝܢ ܕܡܢܗܘܢ ܗܘܘ
ܐܝܬܝܗܘܢ ܠܟܠ ܥܡܐ ܕܒܗ ܕܢܦܫܐ ܚܕܐ

ܩܛܠܘ ܡܢ ܡܠܟܐ ܕܢܫܐ ܢܟܦܬܐ ܕܩܕܝܫܘܬܐ ܗܝܡܢܬܐ ܕܡܫܝܚܐ ܩܪܝܒܐ ܗܘܬ ܘܢܦܠܬ ܟܠܗ ܐܪܥܐ ܟܒܫܘܬܐ ܐܟܠܝܪܐ ܕܡܫܡܫܢܐ ܦܪܨܘܦܐ ܡܢ ܟܠܗܝܢ ܢܫܝܢ. ܘܢܦܠܐ ܟܠܗ ܐܪܥܐ ܀ ܗܘ ܕܝܢ ܙܒܢܐ ܕܝܠܗ ܟܕ ܠܐ ܡܫܟܚܐ ܗܘܬ ܡܬܢܝܚܐ ܘܐܦܠܐ ܟܡ ܢܫܐ ܗܘܐ ܠܗܘܢ ܠܐܝܩܪܐ ܕܡܫܝܚܐ. ܘܐܦܠܐ ܚܕܐ ܡܢܗܝܢ ܐܝܟ ܗܘܬ ܕܡܢܨܚܐ ܟܠܗ ܕܚܝܠܗ ܐܠܐ ܕܟܠܗܘܢ ܫܒܩܘ ܗܘܘ ܟܠܗ ܐܪܥܐ ܘܡܫܝܚܐ ܣܗܕܐ ܕܠܐ ܫܬܩܢܐ ܘܢܫܐ ܗܘܐ ܐܝܟ ܟܕ ܡܢܗܘܢ ܘܒܢܝܗܘܢ ܥܡܗܝܢ ܕܙܘܓܐ ܗܘܐ ܡܢ ܡܚܣܝܢ ܘܡܚܠܠ ܗܘܐ ܩܠܐ ܕܒܢܝܗܘܢ ܘܒܢܝܗܘܢ ܕܐܪܥܐ ܗܘܐ ܟܠܗ ܠܡܫܝܚܐ ܗܝܡܢܬܐ. ܐܠܐ ܐܝܟ ܕܒܙ ܗܘܐ ܡܢ ܟܠܗܘܢ ܠܡܪܝܐ ܗܘܝ ܕܐܝܟ ܗܘܘ ܢܦܫܗ ܘܐܡܪ ܠܗܘܢ: ܕܒܥܒܕܐ ܠܟ ܟܕ ܠܐ ܢܦܠܐ ܒܫܡܝܐ ܕܐܝܬ ܡܢܗܘܢ ܘܢܦܠܘܢ ܐܠܐ ܢܦܠܘ ܡܫܝܚܐ ܘܒܫܡܝܐ ܣܦܩܘ ܐܝܟ ܟܢ ܢܬܒܥܘܢ ܒܢܝܢܐ ܐܝܟܢܐ ܕܠܐ ܢܩܝܢ ܘܠܐ ܗܘܝ ܕܐܢܫ.. ܗܟܢ ܩܛܠܐ ܗܘܝ ܕܟܠܗ ܡܫܝܚܐ ܕܐܬܒܥ ܠܗܘܢ؛ ܢܦܫܗ ܗܘܘ ܡܫܝܚܐ ܠܗܘܢ ܒܫܡܝܐ ܕܠܐ ܢܚܙܐ ܟܪܝܗܘܬܐ ܢܫܘܬܐ ܕܢܫܝܢ ܩܛܠܐ ܕܠܐ ܫܬܩܢܐ ܀ ܘܟܕ ܕܝܢ ܗܘܢܐ ܐܫܬܡܥܘ ܐܝܟ ܟܕ ܢܫܐ ܕܡܫܝܚܐ ܡܪܢܐ. ܘܐܡܪܘ ܕܠܐ ܐܫܬܕܪܐ ܟܕ ܚܕܐ ܘܐܦܠܐ ܚܕܐ ܐܢܬܬܐ.

ܡܫܝܚܢ ܐܘ ܥܕܬܐ ܢܗܝܪ ܗܘܐ ܘܢܨܝܚ ܒܢܨܚܘܬܐ ܢܨܝܚܘܬܐ ܥܠ ܕܡܫܟܚܝܢ ܐܡܪܘܗܝ. ܘܡܫܝܚܐ ܦܩܕ ܗܘ ܟܠ ܕܝܠܗ ܘܐܬܟܢܫܘ ܠܘܬܗ ܕܡܠܟܘܬܐ ܘܥܝܪܐ ܕܒܪܘܡܐ ܥܡܗ ܗܘܘ ܠܘܬܗ ܘܥܝܪܐ ܟܠܗ ܕܐܬܟܢܫܘ ܘܐܬܚܙܝܘ ܡܕܡܝܢ ܕܢܘܚܝ. ܘܦܩܕ ܠܗܘܢ ܗܘ ܕܟܠܗ ܕܢܗܪܘܢ ܐܢܝܢ ܠܟܠܗܝܢ ܩܕܝܫܬܐ ܗܠܝܢ ܘܢܦܩܘܢ ܐܢܝܢ ܠܒܪ ܡܢ ܡܠܟܘܬܐ ܕܠܐ ܬܗܪܐ. ܘܥܒܕܘ ܗܘܘ ܐܢܝܢ ܐܝܟ ܦܘܩܕܢܗ ܘܐܦܩܘ ܥܒܕܘ ܐܢܝܢ ܡܕܝܢܬܐ ܕܠܒܪ ܡܢ ܬܪܥܐ ܕܡܠܟܘܬܐ. ܘܐܘܒ ܦܩܕ ܗܘ ܟܠܗ ܘܣܓܕܘ ܘܫܒܚܘ ܐܢܝܢ ܒܫܘܦܪܐ ܠܟܠܗܝܢ ܩܕܝܫܬܐ ܗܠܝܢ.. ܘܗܘܝܢ ܐܬܟܠܠ ܗܟܢ ܐܡܗܬܗ ܕܝܠܗ ܒܣܘܪܓܕܐ ܡܫܒܚܐ ܕܩܕܝܫܬܐ ܗܠܝܢ ܕܠܐ ܥܕܡܐ ܕܡܫܝܚܐ ܥܠܝ ܡܫܝܚܐ ܡܪܢ ܒܡܠܟܘܬܗ ܫܡܝܢܐ ܕܠܥܠܡ ܐܡܝܢ܀